创业励志启智读本系列

天生我财

袁海军 著

企业管理出版社
EMPH
ENTERPRISE MANAGEMENT PUBLISHING HOUSE

图书在版编目（CIP）数据

天生我财 / 袁海军著. -- 北京 : 企业管理出版社,2016.9

ISBN 978-7-5164-1349-4

Ⅰ. ①天… Ⅱ. ①袁… Ⅲ. ①创业 - 研究 Ⅳ. ①F241.4

中国版本图书馆CIP数据核字(2016)第219135号

书　　名：天生我财
作　　者：袁海军
责任编辑：尤颖　徐金凤　李蕊
书　　号：ISBN 978-7-5164-1349-4
出版发行：企业管理出版社
地　　址：北京市海淀区紫竹院南路17号　　邮编：100048
网　　址：http://www.emph.cn
电　　话：总编室（010）68701719　发行部（010）68701816　编辑部（010）68701638
电子信箱：80147@sina.com
印　　刷：北京宝昌彩色印刷有限公司
经　　销：新华书店
规　　格：170毫米×230毫米　16开本　9.25印张　120千字
版　　次：2016年9月第1版　2016年9月第1次印刷
定　　价：39.80元

序

亲爱的读者朋友：

感谢您偶然翻阅此书！

有朋友问我："为什么想写书？"

我回答："一是因为很多人在写书，二是因为自我感觉准备的差不多了，三是因为创业后略有些积蓄，四是因为在此期间打击我的人比鼓励我的人要少，五是因为理想和现实PK暂时打了胜仗，六是因为山东烟台是个适宜居住写作的地方。"

有朋友问我："为什么想给青年创业者写书？"

我回答："一是因为我还没有那么老，二是因为现状中青年人对此有主动需求，三是因为青年人或多或少向往创业，四是因为大多数的青年人此时自己挣的银子还不多，五是因为我和他们有很多相似的地方，六是因为我水平在逐步提高，还不敢涉足其他话题。"

有朋友问我："为什么把创业分成四个阶段？"

我回答："第一阶段，涉世之初，年轻人对社会充满无知、彷徨、迷茫甚至是恐惧，但毕业了他们只能被动地去面对和融入社会。虽然他们研究、探索、学习、实践、行动、总结着自己能听到触到的一切事物，可无论他们走到哪里，他们一定是那群被批评、被教育、被训斥、被充电的人，说白了就像一只无知、无奈、无胆、无识，但还需硬着头皮勇敢学着往前飞的菜鸟，所以第一本书被命名为《天生我菜》。"

"第二阶段，三五年的社会实践，经历了更多的就业和创业的起起伏伏，终于可以让自己站在新人面前吹嘘一番，而刚有了一点社会常识和社会经历就想当然地总结自己的认识和看法，'一切向着钱''一切朝业绩看'成了青年创业者的座右铭，现实中因为有了钱自己就可以吃喝玩乐，出入高档场所，穿名牌玩时尚，甚至还会吸引美女的追随，于是财迷心窍，一切钱说了算，所以第二本书被命名为《天生我财》。

"第三阶段，十年的创业经历，会拥有更多的感受和心得，本质上善良、热情、真诚、好学、上进的年轻人，在经历了金钱的无数次考验和洗礼之后，终于明白人生的价值不仅仅是为了钱成为钱奴，其中一定要尽情展现自我才华得到民众的尊敬和认可，于是第三本书被命名为《天生我才》。

“第四阶段，人生十五年二十年的就业与创业经历会让自己升华，这时有的人会思考‘人为了什么而活着’‘人生的终极目标到底是什么’‘人生的伟大意义在哪里’‘自己需要到达一个什么样的人生境界才会真正在未来的那一天不会感到遗憾和后悔’，所以人生的定位和使命，才是我们一生真正追求的东西，只有明白了这一点就会领悟人生真谛，也就能发挥各自的优势并且取长补短，为世间万物造福，诗人李白‘天生我材必有用，千金散尽还复来’的诗句，就是在表达人生的价值和豪迈，所以第四本书被命名为《天生我材》。”

有朋友问我：“就不担心你的作品被当成废品一样扔进垃圾堆？”

我回答：“担心，但也不担心。与市场同类书比较，一是因为本书语言真诚自然、朴实励志、通俗易懂、诙谐幽默，力求大道至简启智开慧；二是因为内容形式采取对话，紧扣就业与创业中的上千个疑点、难点、困惑进行解答，立竿见影；三是因为格式图文并茂，语言精练，彩图精美，画工精湛，插图可爱，创意新颖，表现丰富；四是因为定位人群在18～45岁的就业与创业者；五是因为渠道发行可以通过纸质书、画册、有声书、电子出版物多种形式进行全球传播下载阅读购买；六是因为纸质书电子书价格建议定在中等价位，下载格式的书也是采取大量让利。”

朋友回答：“愿我们能喜欢！”

我回答：“创业道路上会遇到各种各样的困难，但真正的困难不是别人，而是自己，只有战胜了自己，才会勇往直前，朝着梦想前进！”

再次感谢您仍在翻阅此书！

袁海军
2014年初春

亲爱的朋友们大家好！感谢您随手翻阅此书，其实这是创业励志读本系列书的第二本《天生我财》，讲的是为了生存与发展，创业中的我如何看待业绩、金钱、财富的种种态度和心理变化，以至于我成了一位名副其实的小财迷……那既然有二，一在哪儿呢？向各位大人们汇报，第一本已经在一年前出版发行，书名叫《天生我菜》。猜出是什么意思了吧？对！就是说初创阶段时的我，就像一只菜鸟一样，在创业的狂风暴雨中怎样地艰难挣扎、犹豫、无耐、彷徨……好了！不说那么多了，敬请各位男神女神们赏脸，继续往下阅读《天生我财》吧……谢了！

001 问：你真是疯了，在那种时候你也敢冲上去，那是“老鼠过街，人人喊打”的局面呀！

答：我也没有办法，只能再次勇敢面对了……

002 问：当时你怎么想的，第一反应是什么？

答：反正到嘴的鸭子不能让它跑了，该我挣的钱一定不能放弃！

003 问：啊，原来全是为自己着想呀，我还以为你见义勇为，奋不顾身呢！

答：当然，要是我不能讲出效果，不仅挽救不了这次会议，还会损失我本应该挣的钱。

004 问：你不是一位计较金钱得失的人啊，这回怎么会这样反常？

答：因为这回的培训费很高，所以我绝不能放弃。

0005 问：才四十分钟，能有多少，能让你冒着丢人的风险去为此搏弈？

答：两个小时1500元，这是我头一次签到这么大的培训合同，具有重要的里程碑意义！

0006 问：什么？两个小时1500元！你真行啊，怎么已经涨到这个身价了，不是一天500元吗，水涨船高了还是“通货膨胀”了？

答：是身价涨了，你说我能临危放弃吗！

0007 问：不能，坚决不能，两小时能抵我一个月工资了，不过万一讲砸了怎么办？

答：顾不了那么多了，不讲百分之百失败，冲上去还有百分之五十的成功。

0008 问：所以你冲上去了，结果获得了100%的成功，对吗？

答：短短四十分钟我不仅赢得了在座雷鸣般的掌声，而且那些站起来要出去就餐的客户也重新坐了下来，并一直坚持到了最后。

009　问：于是你成功了，挣了四十分钟的培训费500元，是吗？

答：不，是四十分钟1500元，我没有违约，是他们给我的时间不够用，但我完成了培训任务并且还很出色，第二天我的助理就去那家公司很顺利地拿到了1500元，回来后兴奋地跟我说“袁老师，你真厉害，就像你说的一样，他们肯定会付全款，而且会感谢我们！”

010　问：果然是这样吗，甲方很满意？

答：商业不相信过程只承认结果，我拿到了全额培训费就足以证明一切……

011　问：我发现你已经是一位很专业、很出色的培训师了，真替你高兴，那你的收入一定不错吧？又有保险提成，还有较高的培训收入，还有了自己的助理。

答：其实我当时的收入并不算高，只是我的人生选择方向发生了改变，因为我已经开始渐渐地脱离了保险业务的范围，越来越专注于我的培训事业了。

012　问：那这样你不会影响保险客户对你的信任度吗？大家居于对你的信任才把钱交给你并在你这儿上了保险，而你又打算另谋高就，这有些不太好吧！

答：其实这个问题我也曾咨询过我的老师和我原通讯公司的经理，而他们的答案几乎是一样的，这让我更加明确了自己的方向，坚定了自己的立场。

013　问：他们对你说了些什么，对你有如此大的作用？

答：他们说，只要我没有在保险业务上欺骗客户，是全心全意为客户的利益着想，那我将来即便有了更适合我的工作，客户他们也不会埋怨我，因为是我让他们认识并接受了保险这个好商品，而且保费是上交给公司而不是交给我由我随便乱花的，我相信我能更进一步地优秀成长，也是所有相信我的那些客户的最大心愿。你说不是吗？

014　问：嗯，非常有道理，是这样，可我觉得你在保险公司做得很不错呀，离开这里真是太可惜了，好不容易自己有了这么多光环和荣誉，又要去另辟蹊径，我真的很想不通！

答：好了，你就不要替我担心了，这条路是我自己选的，我不后悔，再说坚持下来的同仁也不少，有的还当了高级主任、经理等职务，年薪都已经超过了十万！

015　问：对啊，这也是你的梦想啊，当初你不是也为这个才来的吗，怎么这么轻易就放弃自己的梦想呢？

答：我放弃这个梦想不是因为我达不到，而是因为我有了更大的梦想。

016　问：啊，你别吓唬我，十万还实现不了呢，还想有更大的梦想，记住了，创业者最忌讳的是吹牛皮，眼高手低，不切实际！还是脚踏实地一些为好。

答：是啊，要没有这么多年的脚踏实地、扎扎实实、勤勤恳恳，我还真不敢有这样的想法，但人往往最难的是什么？

017 问：是什么？是安份守己地过日子！

答：是自己不了解自己的实力！

018 问：那你了解自己的实力吗？

答：去保险公司之前我觉得自己有些实力，但在保险公司一年之后，我终于发现做保险我根本没有太大的实力！

019 问：且问哪个创业者天生就有实力，哪个不是苦中挣钱乐中花，一步一个脚印做起来的，真的坚持不懈才能成功啊！

答：是啊，起初我也是这么干的，但无数个事实证明我做保险根本就不是什么好手，有自身性格上、道德上的许多约束。

020 问：那是因为你入行时间太短，还不太适应，以后会好起来的，不过你做培训的悟性确实很高噢！

答：是的，本来我只是想用培训的方式来提高自己在客户面前的地位，以图为将来谈保险打下基础，可是最终保险谈得不多，而培训安排却越来越广泛，并且我接触到了更多的商业人群、高收入人群、做老板的人群，他们的年收入很多都超过了十万，有的甚至百万、千万！

Q021　问：所以说我刚开始就跟你说过，三百六十行，行行出状元。不让你去做保险你非要去，现在看别人挣钱你又眼红，还是做一行干一行爱一行的为好，保险行业也有年收入上百万的人啊。

答：是啊，起初我也没有这样打算，可是我要是有了一家自己的公司，你说怎么办？

Q022　问：什么，你有了一家公司，哪来的公司？天上掉下来的，再说开公司哪来的钱啊，你有吗？

答：我没有钱开公司，但我真的拥有了一家自己做主的公司，于是我的想法真的又变了。

Q023　问：先别说那么多，先告诉我你这家公司是哪来的，怎么你不出一分钱就有了自己的公司？

答：事情也很巧，你还记得当年我做广告业务员时的那个公司吧。

Q024　问：记得呀，怎么不记得，月薪六十的那家。

答：对对对，就是那家，你还记得我跟你说的那位会计吧？

0025 问：你好卖关子啊！知道，快说怎么回事？

答：后来她成立了一家小小的广告公司，有四个业务员，但业绩也不是太好。我当时推销保险，给自己所有留过电话的那些人都打过电话并去见过他们，还好，去她那儿没有白去，她在我这儿买了保险……

0026 问：这挺好的呀，可和你的公司有什么关系呢？

答：后来我经常出去给很多公司培训，再加上自己工作之余不断地学习，渐渐地自己的营销水平有了很大长进，成为了许多公司经理的座上客，经常和他们在一起共同探讨公司管理等诸多问题，当然也开始和她谈论起经营公司的很多事情……

0027 问：于是你就接管了这家公司，对吗？

答：没有，后来朋友发现了我的培训能力，也渐渐地加深了对我的认可，再加上业务上我经常帮他们出谋

划策，后来我在此公司就拥有了一定的话语权，并且由于广告业务的原因，我们合作得日益默契。

028　问：于是你就自然而然地提出了要一起合作这家公司，对吗？

答：没有，我只是非常尽心尽力地去参与这个公司的发展，当然也因为公司实在是实力太弱，经常没有大活儿，只是零星的一些小业务，但还能维持，就是在这种情况下，我的朋友和我商量，如果愿意一起做，就请我做这家公司的总经理，但没有底薪。

029　问：没有底薪的公司，你还去那儿干什么？白浪费时间。

答：因为她说虽没有底薪，但我是公司老板，所以挣了钱除了员工的就是我和她的，而且她的工资我看着给……

030　问：不可能吧，这不是天上掉馅饼吗？人家老板不做了，让你来当老板，工资让你给人家发，有些开玩笑吧？

答：我也觉得不可思议，所以我没有立刻答应当这家公司的老板，但我得知广告公司竞争太激烈，这公司很难运转，要是我不接过来，朋友也不想干了，于是我让她保留下这家公司，替她交上公司的相关费用，以图将来发展。

Q31 问：就是这样一家公司，也值得你去参与，一分钱也挣不到，还倒贴上年审等其他工商费用，你能告诉我为什么吗？

答：因为我想当老板，一个名副其实的老板。

Q32 问：哈哈哈，所以你选择了一个这样的公司，当了一个空架子的不挣钱的公司老板，对吗？不可理解呀。

答：不管怎么说，我真的好想拥有自己的公司，虽然眼前它没有给我挣到钱，但我依然精心呵护着它的名称和合法实效性。因为我有一种预感，这个公司一定会给我带来好运气，成就我“当老板挣大钱”的梦想！那是2001年夏天，我已经辛苦创业了四年多，保险公司也呆了一年半，渐渐看清了自己的某些实力。

Q33 问：是啊，过得真快，一眨眼已经四年过去了，而你也经历了由量变到质变的过程，也不知未来的路该怎么走，我替你捏了一把汗。

答：是啊，创业时最害怕什么？那就是没有钱！而有了些钱最害怕什么？没有方向和目

标；当有了方向和目标最害怕什么？那就是孤独和无助！那个时候的我一边在维持着部分企业的培训业务，但心中一直在想着我的路在何方，何时才能成为名副其实的老板？

064 问：怎么样，贪心了吧，这样的公司底子太薄，起步艰难，现在知道贪多嚼不烂了吧！什么也别想，做好本职工作就是好样儿的！

答：有些时候真是苍天不负有心人，一个偶然的机会竟然改变了我的命运！

065 问：是什么机会对你如此有意义？

答：我刚从省职业经理人培训中心主任那儿出来，在临街的店铺门口，有一位穿着很洋气的小伙子正在锁自己的自行车，他手里拿的一样东西，立刻引起了我的注意。

036 问：是什么东西让你这么好奇？

答：是张VCD光盘，画面上有一位人物正在演讲，我顿时眼前一亮，像发现了珍宝！

037 问：一张VCD能有这么大的价值？上面的那个人你认识？难道是你的老师？

答：不是我的老师，是我老师的老师，想当年让我心甘情愿地留下来去做保险的最大原因就是老师让我看了他老师的一张VCD光盘——《走向成功之路》，从此以后我彻底改变，义无返顾地走上了保险之路，因为我坚信我也一定会成为很优秀的成功人士！

038 问：真的吗，这个人有这么厉害，你老师的老师，太让人吃惊了吧，那这个人怎么会有他的VCD？

答：我当时稳定了情绪，生怕眼前的宝物不翼而飞，我有礼貌地向小伙子问好，并询问他手里拿着的是什么东西，我可以看看吗？

039 问：他让你看了没有，千万不要被他拒绝啊！

答：由于我当时的全面发挥和自我表现是那样的若无其事，镇定自若，没有引起他的反感和防备，他拿了其中的一张给了我，我随意地看了看这张VCD，前后面扫了一眼交给他，然后说了声谢谢，我就离开了。

040　问：怎么这么快，也没说什么话，那你怎么知道这VCD他是从哪儿得来的呢？

答：我看他表现得很谨慎又小气的样子，所以也没有多问，不过就在看碟的一刹那我已经记住了包装上面的联系人手机号码。

041　问：真的吗，你这一手表现得可真像间谍一样，不露声色，防不胜防，你好专业呀！

答：是啊，我也算是个老手了吧，就是这一个电话，让我找到了未来的方向！

042　问：有那么神奇吗，怎么一个电话就有如此大的作用？你不是危言耸听、故弄玄虚吧？

答：世间万物各有神奇，有时候机会真的就在脑海的一瞬间，只要当机立断毫不犹豫地抓住它，也许我们的人生会从此改变……我找了一个安静的地方拔通了这个电话，电话在三声声响之内就被接通，我有些激动但又保持镇定地问对方说：“您好，请问您是柴先生吗？”

043 问：你行动得可够快的，对方怎么回答？

答：“是啊，请问你是哪位，你怎么知道我的电话？”我说“我在一张VCD的包装上看到您的电话，而且您是这个地区的总负责人是吗？”“是的，你有什么事需要我帮忙？”“我想去拜访您了解一下这张VCD的情况，看您何时有时间？”

044 问：你头一回和人家电话联系，连人都没见过，人家会和你见面吗？

答：不试怎么知道，我利用极强的电话营销本领和语言中传达出的极强磁场来用心地和他交流，终于几分钟后，他很爽快地答应我去钱江大酒店他的房间见面，预约成功！

045 问：真没有想到工作起来你是如此的乐此不疲，信心百倍，全身都焕发出无穷的工作激情和力量！

答：我在定好的时间内提前五分钟到达了那家酒店的大厅，在盥洗室里整好衣服，喊了三句“我要成功”，再次电话告知我已到达酒店大厅，问是否方便见面，之后按他告知的房号我按响了门铃。

046 问：到目前为止我也不清楚你老师的老师到底是谁，是从事什么行业的？

答：其实见预约人之前我也真的不清楚老师的老师现在到底在干什么，只知道他曾在台湾，是一位世界级的管理学大师，直到见到了这位柴老师，我才从他口中得知老师的老师已经来到了深圳，并建立了教育机构，全面进行大陆市场的商业教育的开发和运作……

047 问：那他到底是谁？

答：他就是陈安之，世界华人成功学权威人士，亚洲成功学创始人，世界潜能开发大师安东尼·罗宾的亚洲区总代理……

048 问：嗯，听说过，据说上了这个人的课程以后会让你几个月都很兴奋，会疯了一样地去工作，而且听说中国有好几百万人都接受过他的培训，很有传奇色彩！

答：是的，他确实是一位传奇人物，但在当时还没有那么多中国人认识他，而他已经享誉整个东南亚、日本等国家和中国台湾地区，由于我的老师是台湾人，近水楼台先得月，从台湾得到了他的教育VCD，拿到公司让我们一睹为先。于是在2000年我知道了陈安之的大名，并且给我的印象简直就是震撼。而我的老师告诉我，他的很多营销本领均来自于陈安之，那等于说我见了祖师爷，难道会不兴奋吗！

049 问：怪不得你如此地疯狂和执着，原来是见着更优秀的人了，看来你很势利呀，见着比你强的人就不会放过，一定要认识人家，对吗？

答：这叫成功吸引成功，想成功的人一定会被已经成功的人所吸引，而只有和成功的人在一起，将来才会有成功的可能！

050 问：要是遇上世界级的成功人士，成功的可能性就更大，对吗？

答：让世界第一名的人去指点你的成功，相信你一定会有更大的收获，不仅如此，像这样的人物应该想办法留在他身边，或是能在他身边多停留，或是能成为他机构的工作人员，这样不就提升得更快了吗！

051 问：啊？你怎么会有这么多的想法，你想黏上人家呀，有那样的道行吗？再说人家又不认识你，凭什么收你为徒，让你进入机构工作呢？

答：所以说困难的时候一定要坚持，坚持的时候一定要清醒，清醒的时候一定要想办法！事在人为！

052 问：年轻的时候，我们总爱做自己的梦让别人说去吧，可以理解。憧憬嘛！愿望嘛！理想嘛！可数年后我们却说着别人的梦，只因对梦的不执着……

答：我和这位柴老师见面后开始交谈，这又是一个让我头一次见面就能打开话匣子表达所有感情和心愿的人，没想到我的话也深深地打动并感染了他，我们相谈得非常融洽，足足有两个多小时，真有种相见恨晚的感觉！

053 问：看来这真是英雄惜英雄啊，没想到，心诚则灵，真的心想事成！

答：我从个人的角度发现陈安之机构的这位地区代理商确实很有功底，深得老师真传，尤其是他的亲和力，是一般人根本无法抗拒的，这是一种内在的长时间修炼的结果。这会让第一次见到他的人就产生对他的高度信任感，果然是一位高手！

054 问：看来这天下的高手都让你遇上了，我怎么就没有这么好的运气，能遇上这些老师？

答：而且还不是一位高手呢，还有一位高手，在我们谈话中间一直在床上盖着大被子休息，我们的低声交谈在两个小时后终于让他不能再安睡了，于是他睁开了紧闭着的双眼，一双炯炯有神的大眼睛……

055 问：你们说话怎么不小声点儿，多影响人家休息呀，肯定是人家忍无可忍了才终于开口要教训你。

答：其实我们说话声音很小的，只是当时表现太投入了，话很投机，所以气氛可能热烈了一些。但醒来的那位高手一张口我就听出了他的功底，绝对是位专业讲师。

056 问：这讲师还没讲课呢，你怎么知道人家是专业讲师？是你自己王婆卖瓜，自卖自夸吧？

答：因为他一开口发音就和一般人完全不一样，是一个专业使用嗓子来说话的人，而不是我们这种一般用嘴讲话的人。

057 问：这你也听得出来，看来你也是高手之一啊？

答：因为我大学时有几位朋友是音乐系声乐专业的，他们随便讲话你都能听到回音，而且他们音域非常宽广，声音浑厚清亮，吐字清楚，这位高手就是这个样子……

058 问：看来这个机构藏龙卧虎，能人辈出呀，到底是强将手下无弱兵，名师门前有高徒。他批评你了吗，你可要忍着点儿。

答：他没有批评我，而是也热情洋溢真诚地和我聊了一个多小时，我这才知道他是当年陈安之机构中最厉害的讲师，被称为万能讲师，现场演讲的能力最强，感染力极大，是高手中的高手！

059 问：我真是太妒忌你了，怎么这么多高手都喜欢和你聊天谈心，还真诚地帮助你，你真是太幸运了！

答：是啊，可怜人必有可恶之处，幸运人必有可贵之处！能否得到别人对自己的真心帮助，首先在于我们身上是否有可贵之处能够吸引并打动别人，只有这样人家才会向你抛出橄榄枝噢！

060 问：他都和你说了些什么呀？有没有一些实质性的内容呀？

答：他告诉我陈安之老师要在2002年1月11日来省城，并进行为期两天的超级成功学的演讲培训，希望我能有幸参加这次盛会，亲眼目睹世界大师的现场风采！

061 问：那太好了，你可一定要参加啊，是免费的吗？

答：不免费，每个人收费两千元，两天的课程。

062 问：什么，一个人两千元，你听错了吧？两天两千元，太贵了吧？

答：没有错，就是这个价……

063 问：唉呀，这可就难了吧，两千元钱，是你培训好几百人的收入啊?就不能便宜一些吗，他们还是机构的人呢，一定有办法优惠一些的？

答：最后我问他还有没有其他方式可以参加这次盛会，他说有一种方式是竞争成为陈安之现场的助手，成功后只收一千元；另一种是如能推荐学员来参加学习，既可以获得一定的报酬，还帮了别人又帮了自己！

064 问：啊，原来是让你帮他们卖票呀，这么贵的票，哪能卖得出去呢？比刘德华演唱会顶级票都贵，千万不要答应他们，否则完不成任务会失信他们的！

答：我答应他们了，不仅我要竞争老师的助手，而且还要推荐朋友来一起学习，共同提高。

065 问：可价格那么贵，谁会来呢，他们是在忽悠你推荐学员，千万别上当！

答：请问奔驰贵不贵？有人买；貂皮贵不贵？有人买。保险也不便宜啊，照样有人买。这个世界只要是有高价的商品，就会有高额的消费者，所不同的是有的人需要，有的人不需要，只要找着了需要它的人群，就有卖出去的可能！

066 问：我说不过你，反正你可想好了，这是你头一次做这个行业，而且搞清楚了，时间是什么时候，离

会议开幕时间还有足够的时间去卖这么贵的票吗？

答：还有一个多月的时间，反正也比较紧张，因为凭一个人去和客户谈，一天谈不到几个人，而且我对本课程的内容并不清楚，感受不强，说服力肯定就很弱，这样下去根本推荐不了几位学员的，而且价格在当时确实也不便宜。

067 问：那怎么办啊，不让你贸然承诺，你非要逞强，我知道你现在是一位老练的营销高手了，但巧媳妇也难为无米之炊呀！

答：办法总会有的，如何能让更多的人一次性听到我的宣传呢？终于我想出了一个办法。

068 问：什么好办法？快说。

答：我利用自己电话营销的能力约访信赖我的客户，让他们集中在某个酒店两个小时的时间，再让推广讲师利用两个小时的时间为大家免费做一场营销培训作为我的客户服务。剩下二十分钟时间就可以由讲师来介绍并说明本次盛会的情况，进行当场促成或者我会后回访跟踪。

069 问：你好有头脑呀，这么难的问题就这么快让你解决了。一举多得，一方面你约场能力得到了机构讲师的认可；另一方面又利用这些培训高手为你做了客户服务；其次如果有愿意参加学习的客户就会交钱，并会感谢你为他们提供了这次学习机会，而不参加学习的客户却免费听了讲座，参加了两小时培训学习，也会感谢你；同时你还可以凭此成绩进行助理的竞选，而且还会有额外的奖励在等着你。我觉得你才是一位真正的高手呢，八面玲珑，谋略过人！

答：反正当时我就这么和讲师说，他立刻表示愿意全力以赴地支持！每场一百人左右的会议就可以请他做培训和课程说明。

070 问：那你约了多少人啊，最后的成绩怎么样？

答：他们非常满意，我得到了他们的高度认可，而且我的行动彻底打动了他们……

071　问：你采取了什么样的行动，让他们如此感动？

答：首先我花了两天的工夫把我手头上所有记录的电话全部整理出来，并进行了一定数量的评估，最后留下90%，约两千五百多位客户电话。

072　问：你哪来那么多客户的电话，不是随便搜来的吧？

答：大部分是在做业务和培训过程中认识的客户，因为每天都进行大量的新客户拜访和老客户转介绍，所以没想到两年左右积累了这么多客户，认识了这么多人！

073　问：然后呢，这么多人都要打电话过去，一个人三分钟，也够你受的！

答：我把客户电话分成了三组，并且设计好了电话营销的主要内容，而且每个电话通话时间绝对不能超过两至三分钟，还要起到电话约访效果，并让客户记住客户服务培训的时间和地点。

074 问：看来很紧张吧？

答：做好安排和计划后，然后我就在家里通过座机开始进行电话约访通知，天哪！不打不知道，这样不停地接电话，打电话，谈内容，每天要与两百多位客户进行谈话，一共要有四五百分钟七八个小时，没到几天的时间我就开始头晕眼花耳朵发疼，工作量有些太大了！

075 问：那可怎么办啊，也没有其他好的办法？要不发个群发信息广而告知，那多简单方便？

答：没有经过电话语音沟通的信息是极没有效果的，没有办法，为了完成心中的那个梦想，我已经顾不得那么多了，在进行了时间的适当调整之后，我规定每隔五十分钟休息十分钟，就这样我在十几天左右打出了二千五百多个约访电话，连续通话时间累计六千多分钟之后，终于约访到了两百六十多位客户能够参加我举办的客服活动，为他们进行免费的高级营销学习培训，时间两个小时。

076 问：你好伟大啊，收获还不错，有10%的电话约访成功率已经相当高水平了，祝贺你！你又一次克服了眼前的困难，实现了自己的目标！

答：可我还损失了将近一千五百元的电话费呢，我当时怎么就忘了算电话费的成本了……

077 问：有所失必有所得，钱是花了，但客户来了。这世上哪有无成本的买卖，就当项目投资成本吧！

答：十几天没见我的两位老师，以为我是说大话之人，期间我都没有打电话给他们，直到某天他们接到了我已经安排好两百六十位客户参加培训说明会的决定后，他们才松了一口气，对我的行动力大加赞赏。

078 问：你用你的实际行动和最终结果向他们展示了你的真诚和实力，而这时即使有千言万语，与结果比起来是何等的微不足道！

答：是啊，结果比万语千言更重要，这是商业行为的潜规则，少说话多办事，少承诺多实现，会收到事半功倍的效果，在他们的大力支持和配合下，我的客户接受了一堂精彩动情的营销培训，并且有七位客户主动积极报名并参加了2002年1月11日举行的超级成功学课程，每人两千元人民币。

079　问：正如你说的，天下商品并无贵贱之分，只有需求之别，商品不被客户接受只是找错了客户或不符合客户的需求和条件。你终于如愿以偿！

答：我顺利地进入了这次会议的筹备工作组，并一举拿下了本次会议陈安之老师的助理职位，那时的我是多么的激动，多么的兴奋，我终于有幸亲眼目睹世界级大师的演讲风采了，而且还能成为其中的一名随身助理，有更多的机会接触这位老师的日常行为，虽然我依然一分不差地交了一千元助理费……

080 问：我很欣赏你，尤其是你的那种精神，让我自愧不如！

答：是哪种精神？

081 问：就是"舍得精神"，在很多种情况下，本应该是你得到的你经常违反常理，不仅不去索取，还主动付出你的金钱、才华、精力和时间，而每次你都会收到让自己满意的结果，而这结果有金钱，有经历，有经验，有心得，有友情，有知识，有你所希望的一切。你真是一位多劳多得的有心人！

答：其实说白了，我有时真的很缺钱，有时真的连几十元钱都没有，还得动老本，但随着创业的不断深入，我终于发现我很缺钱的最主要原因是我没有钱源和钱缘，所以我挖空了心思去寻找财富的源泉，努力去与财富结缘，而此过程需要的不仅仅是必要的金钱，更多的是我真诚和

真情的付出！友谊和人际关系的搭建更重要，水从哪里来，当然是从有水的地方来。没有水的地方就不会轻易流出水来，而有了水源也需要接管道引过来才能喝上水！

082 问：这次会议办得很成功吧？你一定受益匪浅，大开眼界，是吗？

答：你说得太对了，在这两天的培训会议上，我领教了真正亚洲一流激励大师的现场魅力和超人能量，他讲得太让人兴奋了，太震撼了，几乎所有的学员都被他所折服，台上台下欢聚成一片，而几十年都沉着脸不愿意在公众场合中露笑脸的老板们在培训活动中有的唱，有的跳，有的演说，有的提问，完全忘记了自己的身份和地位！

083 问：怎么听起来像联欢会一样，怎么这么乱？

答：这不叫乱，这叫内心

力量的无限释放，在这样的环境中，有头有脸平常高高在上的老板们头一回拥有了平常心，找到了自我，释放了自己，改变了观念，发挥了潜能，达到了真善美的人生境界！在场的很多人都不禁潸然泪下，情不自禁地真情流露，而我也顿悟这场培训的价格为什么会那么贵！因为它能让你在两天时间内改变旧有观念，重获新生！

084 问：看来让人改变有可能就是瞬间的事情，还真有此事，我以前绝对不会相信的。

答：其实遇上第一个老师之前我也从来不相信人会瞬间改变，但如果你经历了生死模拟训练和生涯规划训练，我相信有很多人都会立刻改变，当然一般人不会相信这个，但事实就是如此，一个从未面临过死亡的人死里逃生后他会顿悟生命的价值极其可贵，而短短五秒钟的蹦极从跳下去到上来就会立刻改变人的生活态度，生活中那些遭遇了突发事故还能活下来的人又何尝不是瞬间改变！

085 问：那你一定改变了很多，从而使得你每天都充满了活力，精力充沛，目标坚定，不畏艰难，勇往直前。

答：是啊，承蒙老师恩典，潜心教导学生才有此心得，不胜感激！

086 问：怎么样，他们机构领导对你的表现满意吗？

答：非常满意，会议结束后我和他们成为了很好的朋友，而地区代理商也已经全面地了解了我的创业历程和个人能量，正准备和我合作一件大事！

087 问：看来这广结人脉可真是会结下财缘的，你这一来一往，不仅圆了自己向世界大师亲身学习的梦，而且还有了亲自找上门的合作伙伴，我发现你很有眼光和运气！

答：所以说万事皆有因果，商业讲究“舍得”，只要是金子，总会找到识货的买家，而且给你个好价钱！

088 问：那当年的你就不是金子啦？也照样闪闪发光呀！

答：当年的我是块矿石，哪是金子呢！这么多年的商业大熔炉已经把自己炼得面目全非。而且是沙子是金子自己说了不算，能卖什么价自己也无法估量，只有到了市场上对比金子的成色，找到识货的买主，才能真的物有所值了吧。挖出来不炼就能变成黄金的矿石，天下不好找噢！

089 问：看来你要麻雀变凤凰啦，都能卖上金子的价钱啦，真是太不容易了。对了，他想和你合作什么项目？

答：也谈不上什么项目，他只是想在本省城成立一家管理公司，委托我做总经理……

090 问：让你做总经理，这太好啦，想当年没当上副总，现在都当上总经理了，真是得不到最好的，还有更好的！怎么样，你同意了吗？

答：我同意了，而且非常愿意和他合作。

091 问：那工资一定很高吧，待遇很丰厚吧？

答：没有底薪，也没有福利，他只提供一套新公司的手续证明，工商税务证明和各种公章都由我来负责，而他主要在深圳老师机构工作。

092 问：没有底薪也没有福利，让你当个空中总经理，自己养活自己，这不等于没说吗，我看出来了，商人啊，为商奸诈，为商不仁，都想空手套白狼，无本万利！就这样的条件你也答应吗？

答：是的，我答应了。

093 问：你没有毛病吧，这账你都算不过来，我就不明白现成的钱你不要，该享的福你不享，这样的公司这样的条件你都愿意，看来你也不是什么好金子，否则怎么买家会一个子儿也不出呢？

答：是啊，作为创业者，谁不想多挣钱少吃苦，谁不想享乐人生，吃喝无忧，可是我没有那样的条件，也没有那样的福气，这幸福人生还得靠自己的双手辛辛苦苦地去创造。你说得很对，我现在虽是金子，但成色还不是最好的，所以作为商人待价而沽，这是最正常不过的商业规则，好就好在他给了我一个全面施展个人才华的合法平台，而自己是骡子是马必须得拉到街上去遛遛去比一比，去光明正大地拼一拼，只有这样才符合价值理论呀。

094 问：好好好，我不跟你理论，反正我知道你现在也有几把刷子，关键是放权之后，你干什么呀，总得有个经营范围吧？

答：公司主要是承揽国内外各种类型的会议、论坛、培训等活动并进行各种管理课程书籍、音乐、VCD的全面代理和批发零售业务，同时接纳各种企业管理咨询、培训和广告代理等业务。

095 问：嗯，这听起来还像一个正式公司，可是你又没有钱，哪来那么多管理产品来卖呀，再说你会承揽各种会议培训吗？不过讲师培训倒是你的长项。

答：我没有钱去买这些产品，但老板告诉我，所有的货他帮我进回来让我去卖，然后按他定的价钱给他就可以了，我说行。

096 问：我真的不明白，像这样的公司其实不过是一家小小的销售公司，卖的只是一些管理书籍和音像产品，类似这样的公司比起你原来老家的公司可是小得很啊，名气也不大，利润也不高，你真觉得行吗？

答：其实这样的问题我早就想过了，也比较过了，但无论过去公司有多大，利润有多少，基本上和我没有多大关系，我只是棋盘上的一个小卒子的角色，没有管理权和决策权，虽然我收入还可以，但摆脱不了老板对我控制的命运，如果遇上不好的老板或不讲理的老板，那我会更难

受，现在不同了，我成了设局下棋的人，这是角色的绝对转换和大不同，而我拥有了这家公司发展的全权管理权和决策权、人事权和财务权，像这样的平台，如果给老板卖得多，自己就挣得多，而且公司所有的工商税务均由自己去完成，业务也由自己合法开展并承担相应的责任。想当年我没有能力去承担而不是不想去承担，到如今我能量大增，为什么不去面对这样一个挑战，让自己像老板一样去承担公司的成与败，兴与衰，这难道不是一件好事情吗？

097 问：不过……，这是需要冒很大风险的，并且会承担很多法律责任，是很危险的！

答：当我们没有能力去承担责任的时候，我们有的选择了逃避，有的选择了提升自己以待时机，而当我们具有了能承担责任的能力时，我们有的人选择了直接去面对，而有的人又选择了逃避，其实这些做法本没有好与坏、对与错之分，只不过是每个人的人生观和世界观以及自己的使命不同，而我选择了有能力承担时要勇敢的去面对，而且我也知道想获得事业上的成功，财富上的大量积累，我应该付出的不仅是时间、金钱和智慧，还有胆量，责任和奉献！

098 问：我被你打动了，你说吧，头儿，接下来我们该怎么办？

答：既然通过这次活动我所有的客户都知道我已经参与了其中的行为，何不趁热打铁，一鼓作气做下去，而且有了公司这个平台我也该正式开始运营公司的日常事务了……

099 问：现在你是公司的总经理，拥有一切合法的权利，真是既为你高兴，又为你担忧……

答：放心吧，利用公司老板投资购进的各种管理教材，我疯狂痴迷地学习和吸收，美国的、中国的，学院派的、海归派的及多个工商学院的经典课程，我几乎看了个遍，又详细地进行了分析和比对，渐渐地用自己诸多的实践经验对学到的管理理论打分，没想到自己的商业管理专业水平日益提高！

100 问：所以说对于你一方面能不断地提升自己的综合管理水平，另一方面还可以外卖去赚取经济效益，并且这些产品还针对了一个较高层次、较高收入、较高素质的人群，所以对于你而言就是名利双收，对吗？你好聪明啊，简直是狡猾！

答：是啊，全让你说对了，选择了这样的一个行业和产品，就注定了我自己必须是一个合格的管理者、培训师，这是在借力成功，通过它我会接触到广泛的与之相关的企业老板等成功人士，并形成买卖或合作关系，这是在创造人缘和财缘，所以长此以往，个人财富的梦想才会真正实现。当然这不叫狡猾，而叫有眼光，而老板更有眼光，因为他选择了我！

101 问：行了啊，看把你得意的，还又美上了，别高兴得太早，这可是公司，不是你个人行为，你总不能公司有了，独自当光杆司令吧？

答：那是当然了，我一个人肯定不行，一个好汉三个帮，要学会利用团队力量去集体创造更大的价值，这我懂，早想过了。

102 问：去人才市场好好招聘几个骨干成员，形象气质佳的、年轻的、身材好的、要有工作经验的、能吃苦的、守纪律的、听话好管的，并且能言会道的特别是会察颜观色，“会来事儿”的，尤其是一定要对你忠诚！

答：像你这么一说，我觉得咱不是在招聘员工……

103 问：那像什么，肯定得招优秀的吧？

答：招什么样的人你自己猜吧，反正如果对员工这么要求，听起来很有道理，其实是反映了我们公司的蛮横不讲理，再说，天下这么优秀的人在人才市场也不好找呀。

104 问：条件是苛刻了一些，但谁不希望拥有一些条件好的优秀员工呢？而且这是现实问题，商业中讲究的就是成本低利润高的游戏规则，这也无可厚非呀？

答：我理解你的意思，可对我们这样的小公司，面积百十来平方米的办公空间，而且业务初始阶段，也没有多大名气，并且利润也还是个未知数，你让我拿这个一穷二白的底子去招一批这样高水平的人！现实告诉我们，平台小实力也有限，所以就更不能随便打肿脸充胖子啦！

105 问：那也不能招一群乌合之众吧，反正我是提醒你了，你看着办吧。

答：知己知彼，百战不殆，在没有掌握公司营利模式和利润多少的情况下，我没有选择去人才市场招人，而是选择了老客户推荐人的方式。

106 问：那不是成本更高吗，到那时你给人家工资太少的话不仅惹得员工不满意，还得罪了朋友。还是招陌生员工吧。

答：这是我当时唯一的办法，因为我手头上真的没有招聘员工的钱，也没有员工工资的钱，有的只是老板发过来的几万元钱的货和一个有百十平方米的房子，除了几张旧的办公桌和椅子外，连电脑都没有，这就是全部家底儿。好在原来广告公司的那个朋友也想过来跟着我干，她那儿也没有什么值钱耐用的办公家具。

107 问：原来是这么破的一个公司啊，还以为一切都安顿完备，准备齐全，窗明几净，办公家具一应俱全，而作为总经理的你坐在豪华宽敞的大办公室里，背靠着高级真皮老板椅，一副盛气凌人的成功人士的样子，原来就这底子，我还以为你是遇上什么大老板了呢，给你投资个百八十万的！

答：好嘛！你以为天上掉金元宝呢？再说想让金元宝砸到自己脑袋上，你要是没有够硬的钢盔戴着，你敢吗，还不是自不量力，被砸晕了！

108 问：可也不能这么惨吧？简直就是穿着西装拎着空包的穷老板！

答：那照你这么说咱干不干？已经接下来了能说退就退吗？财富的道路哪条不是老板自己玩命闯出来的，哪有现成的成功等着咱呢，有也轮不上咱呀！

109 问：好吧，听你的，男儿当自强，走自己的路，当自个儿的老板，可千万别让人知道了你的家底儿啊。

答：我通过前期的观察和试探，已经选择好了十几个愿意为我介绍员工的客户，因为我要创业，而且从零开始，所以我一五一十地跟关系很好的客户把情况说了，如果愿意的话可以介绍一些人来我这儿实习锻炼，虽然没有底薪，但首先能接受我全面的、亲自的培训，这是非常吸引人的一点，而且如果把产品卖出去，还可以有10%销售额的提成。

109　问：这能行吗，就这样的条件是不是有些太弱了些，我真为你捏了一把汗。

答：可当时的我别提多高兴了，当我看到自己第一个公司的第一批队伍时，我激动地热泪盈眶，太不容易了，太让人感动了，没想到我真的当了老板，有了自己的人马，看着我这群长相和个头并不出众的队员，我内心澎湃万千！

110　问：跟"乌合之众"差不多，高低不平、肥瘦不一，还激动成这个样子！真是穷惯了，第一次吃上大桌的宴席，虽然没有好菜全是主食……是吧？

答：别小看我们小米加步枪，照样能打败鬼子的飞机大炮！

111　问：是啊，条件这么差，那就看你这个当领导的水平啦，说吧，接下来怎么办？

答：接下来就是制定公司的工作日程安排和工作制度，并制订了半个月的公司内训培训计划。

112　问：你不先让这些人去给公司挣钱填补公司财政空虚，你还有心情去给他们做内训，有这精力你自己都能出去挣几千块大洋了！

答：是啊，员工是用来为企业创造价值的，但永远记住，没有经过培训的员工只会损失公司的营业额和客户的信任度。所以我们必须要花费足够的时间和精力耐心地把自己的员工培养成为一名较合格的工作人员，然后再让他们去实践这些理论基础，并加以总结，这样会让他们提升成长得更快！

113 问：我要是在刚工作时能遇上你这样的老板就好了，创业时候我真的对社会上的和公司里的好多事很不明白，连话都不敢说，更别说去和老板谈话交流，你都培训了一些什么能在较短时间内让他们学有所获，学以致用？

答：刚组建起来的团队，最重要的首先是建立彼此的信任，让他们相互的了解、合作和包容，在此过程中一定要加强他们的纪律性、组织性和对公司的忠诚度；其次就是培训他们公众演说的胆量、谈话的动力和欲望以及聆听的技巧，然后就是对公司产品的了解和综合分析，并设计出本产品所针对的人群和服务的标准，并进行全面的模拟训练；最后是自我潜能和意识的不断确认和三分钟演讲。

114　问：好丰富的培训计划，好周全的成长流程啊，我怎么好像听也没听过，在如此短时间内接受如此狂轰烂炸式的但又有全面计划的现场培训，这些员工真是太幸运了，看来你投入了自己足够的心思和能量去强化训练他们，真是“可怜天下老板心”啊，你这样的好老板真的不多见！

答：其实我和其他的老板目的差不多，都是希望员工能为企业创造最大的经济价值和社会价值，只不过我先选择了对员工的投入和给予，然后等着收获，而有的老板先选择收获，然后再对某些优秀的员工给予，其余的淘汰……

115　问：你有了自己经营企业的哲学，而且为此随时用行动来实践着你的理论，可敬可佩，但我总担心即使是这样的培训也只能起到暂时的催化剂作用，而一旦培训结束，大家保持一致地就会像以前一样恢复旧日原貌……

答：你说的太对了，如果出现这样的情形，一方面表示很正常，另一方面也说明了公司培训制度的片面性和短暂性，于是我专门设计了一套每日工作流程，从早上八点到九点我们分在五个段落定期定人定岗，早会活动安排，一方面用制度规定了大家的工作行为，另一方面早会的设计完全充满了培训个人能力的目的和色彩，而且这个早会让所有的员工每周都会成为组织者和管理者，大家每日演讲，每日故事、每日晨操、每日歌曲、每日分享都包含其中，既锻炼了身体，培养了身心，又展现了自我，提升了能力，还能日日有新的知识不断地去增加弥补自己，这样我们公司进入了一个全新的阶段，事实也证明了我此次人才培训计划的全面胜利，而回报公司的就是大家不断突破的高额业绩。

116　问：你太厉害了，终于通过自己的辛勤工作和无私奉献培养出了自己的精良队伍，取得了如此辉煌的成就，看来这成功离你真的不远了！

答：是啊，当员工在外人眼里还是一群涉世未深的毛头小子时，在公司眼里他们却是我日夜小心呵护用心保护的革命种子，就是在这种关怀下，他们充分地吸收到了阳光、露水与营养，才使得他们有了飞一样的进步和质的改变，终于有一天他们在思想上已经初步能够理解我的含辛茹苦，所以他们对公司和我的报答是那样地狂热和不知疲倦……

117　问：这就是因果关系！你用爱来浇灌这些种子，而回报你的必定是沁人心脾的满园香果。你真是一位名副其实的企业培训师。

答：谢谢，接下来我们开始了大规模有计划的业务开展活动，而在如此短短两个月内我们创造了连自己都不敢相信的奇迹！

118 问：真的吗，见效这么快，快说说你们创造了哪些奇迹？

答：根据投资老板的指示，只要货到后按规定价格支付就可以了，一方面为了支持我们熟悉和开拓市场，没有时间上的约束和限制，另一方面也没有限制我们产品的定价范围。

119 问：也就是说你这里有产品的市场定价权和价格浮动权，只要按规定价格向老板支付卖出去的产品款就可以，是吗？

答：是的，就是因为有了一定的宽松条件和自由的定价权，虽然没有底薪的待遇，但也为我们提供了巨大的创利机会和空间。

120 问：那利润能有多大呢，难道你的产品上没有全国统一定价吗？

答：有的有，有的没有，最关键的是那时在整个市场上类似于海外管理和营销方面的书籍和视听教材少之又少，简直就是空白！

121　问：是的，那个时代的企业家和老板基本上很多都是改革开放优惠政策和社会关系的产物，成功靠的是人际关系、自己的辛苦和胆量再加上尚未开发或没有饱和的大需求市场，这是一个时代的幸运，而知识经济时代的到来就已经意味着，作为管理者一定是一位有知识、懂文化、爱学习的领导，否则光靠资本原始积累时期的那些凭经验型管理的方式已经难以适应新经济时代的要求，对吗？

答：你解释的非常好，在知识经济完全到来的背景下，更多的企业老板选择了走进学院，进行更系统专业化的充电学习，就是在这种背景下我终于发现了他们的需求，而且是一掷千金万金地去投资于学习的需求，于是我拿着我的知识管理产品带领着这个小团队，冲进了成千上百个公司老板的办公室和活动场所，大肆地开始宣传、说明未来知识经济的残酷竞争和应该采取的方法、步骤，那就是学习现代先进的管理知识和模式。

122 问：你这样不会让企业老板们反感吗？因为你闯进了他们的领地去销售你的产品，还带走他们的钞票！

答：是的，世界上最难做的事就是把你自己的思想变成别人的思想，而把别人的钞票当着他的面放入你的口袋！他们不仅没有轰我们出门，而且还欣然接受了我们形形色色的产品，并且很多老板支付给我们的全是现金。

123 问：这真是个奇迹啊，我真的不明白为什么他们会这样友好地对待你们，和你们像好朋友一样？

答：因为当一群人和另外一群人拥有的思想相符，而这群人所提供的商品正是那群人所日夜期盼的需求时，这两群人就会非常自然友好地形成一种良好的关系，就是供需关系。当我们为需要我们产品的人群提供了他们需要的产品时，我们就有了更多的共同语言，甚至是友好平等的交易，这就是奇迹！

124 问：太美妙了，商品之间的交易会让你演绎得如此有意义，真让我感悟到在合适的时间和地点为一群合适的人提供适合的需求就会带来可观的效益，这真是一套非常微妙的销售哲学。你们太棒了，太优秀了，这两个月内你们究竟销售了多少产品，营业额一定很高吧？

答：我的团队分成了四组，一组在公司招待来访的客户或在公司销售产品，并能为前来索取发票的业务员开票；另外三组，一组是我亲自走访原来所有的高层客户，进行面对面销售；另两组，我安排一组去所有的星级酒店的精品书屋铺货，我让另一组开始大量地陌拜本市所有直销公司的铺面和所有保险公司各部门的经理。

125 问：听起来这真像一场大规模的战斗，就你们区区八个人，似乎很有方向、很有目标地去完成自己的任务，最后成功了吗？

答：由于专业的培训和日常不断强化的训练再加上感恩的心

态和正确的指导和管理，所有没有底薪的工作人员在丰富提成的商业利益刺激下，产生了强大的销售报恩挣钱消费的欲望，短短两个月时间内，我们人均销售了将近八千元，一共卖出产品的销售额有六万多元，除了公司唯一的一名内勤人员工资由我支付的，每月六百元，其他人的收入均超过了每月千元，而有一位每月将近两千元收入。我们大获全胜！

126　问：太棒了，你们太厉害了，我都为你们感到兴奋，真是团队的力量是无穷的，能告诉我你们有多大的盈利空间吗？

答：按当时的毛利来算，除掉老板的产品费用我们有将近三万多元的毛利润，发掉所有人的工资，公司有了近一万五千元的盈余，我公司账本上第一次有了上万元的余额。而且有的产品虽然标价十八元，但我们能以一百元的公开价销售出去，同时还能被顾客欣然接受，这真是销售界的奇迹！

127 问：真是世上无难事，只要肯用心啊，这一场又一场的胜利，我不仅看到了同仁的成长，更看到了你的成熟老练和稳健，想想你等待成功已经五年多了，这其中的艰辛和磨难一次又一次地打动着我，一句话，有志者事竟成，再次恭喜你！

答：是啊，这一路走来，充满了无数的困难和挫折，曾经也有过无助和无奈的时候，生气和彷徨的时候，甚至有些想放弃的时候，但回想这些才真的明白，苦尽甘来说的一点也不假。要想获得成功，天道酬勤，要想获得持续的成功，天道酬谋！

128 问：公司既然已经全面运营，那未来的路想好了吗，有自己的定位和发展方向吗？

答：其实说白了，仅开张两个月的新公司我并没有什么太大的构想和宏伟的蓝图，只是觉得选择了一个既能一边赚钱又能一边学习的行业，而且还能和有头有脸的有钱人在一起交

朋友，这就是最大的收获，当时在利益冲击下的我们像天天吃不上肉的饿狼，恨不得二十四小时冲出去，大量地去销售产品，大量地去获取利润，因为很多人没有靠自己的力量富过，关键是大家穷的时间太长了，当发现并找到了一条生财之路，便暴露出了一个饥饿者的本性，而这时的我们需要的是进行再一次的思想教育和观念引导，否则就会出现有人跳槽的局面。

129 问：什么，有人想跳槽，这才刚过了没几天的幸福日子，就忘恩负义不知道自己是谁啦，居功自傲，目光短浅，现在被你培训成功，觉得自己翅膀硬了，想单飞了，是吗？所以啊这识人看相很重要啊，有多少企业老板不这样做，就是因为好心没好报，花大钱培养出了白眼狼，到时有人放块大肉就经不起诱惑了，怎么办，放他走吗？

答：其实当时不仅业务员们充满了自满情绪和攀比心理，连我都有了一些

飘飘然的感觉。你想呀，这两个月就有一万五千元的盈余，而且是我自己说了算，所以我也有了自满的情绪，没想到被他们这一盆凉水把我泼了个清醒，我头一回亲身感受原来财富真的会让一个人产生膨胀并且越飘越高找不着北！

130　问：看来你也是穷的时间太长了，好不容易手头有些积蓄就原形毕露了，兄弟呀，老板，看来还要修炼啊，那现在怎么办？

答：先安抚大家，让大家保持平和，另外也讲清事实，那就是多劳多得，少劳少得，不劳不得。因为培训时期大家都没有任何业绩和提成，所以都是如此平等而和谐，但接下来的比拼让他们看到了事实上的差距，那就是收入分配的不平等，所以必须让他们清楚这里不是吃大锅饭，这里不养闲人懒人，一切都实行商业中平等的游戏规则，按职务和销售额来体现每个人对公司的价值和自我收益的多少，如果不愿意这样的，或觉得自己比别人拿得少，或心理不平衡，必须要有个说法，否则就应该心服口服，把队员当自己的榜样和奋斗目标。

131　问：看来这只有平等竞争才会有竞争结果上的平等，这世上绝对的平等是不存在的，所以让每个人懂得在和谐的团队中也存在着激烈的竞争和利益分配的不均，这是再平等不过的事了。

答：渐渐地大家开始理解并认可了商业的某些游戏规则，而想跳槽的那一位也由于自己的优秀表现得到了公司的认可和同仁的一致推荐而荣升为公司第一位营销主管，并且成了公司第二位有底薪六百元的员工，他也就不再提走的事了。

132　问：看来这身份和地位加上金钱真能让员工安心留下来，是吗？

答：其实不能这么理解，应该是有才华、有价值的优秀人才理应在公司拥有相匹配的价值体现，这才是公司良好的用人机制。

133　问：嗯，说得很有道理，按商业价值理论来解释也就是说什么样价值的商品或人才应体现什么样的市场价值，这也是公平原则啊，那接下来怎么

办？这公司才刚开张，未来的路可要想清楚呀。

答：是啊，新成立的公司一方面需要有计划、有步骤地培养公司每个新人的团队精神和企业忠诚度，另一方面就是不断地扩张市场的覆盖面和影响力，从而取得良好的收益目的，其次就是有针对性地不断开拓和加强新老相关行业协会的人际关系，从而快速地在行业之内获得越来越大程度的认可和宣传。在这种情况下我们开始了一定的分工，并按照时间管理方式对工作任务和目标又展开了新的动作。

134　问：看来这带团队进行企业运作，有时可真像是在打仗一样，有主次、有时间、有空间、有目标、有任务、有计划、有步骤、有鼓励、有批评、有困难、有磨合，我在你这里已经有了越来越多的感受。

答：是啊，除此之外，大家还需要有见识、有经历、有平台，能够让公司这些年轻人尽早地成为优

秀人才。我为他们也准备了几次重要的集体外出学习营销的计划，让他们在极短的时间内超速成长。

135　问：都有哪些外出学习行动呀，这样的费用可不低呀？

答：在2002年3月中旬，我收到了来自北京某管理公司的邀请函，告知我在3月23日、24日两天时间在北京西直门动物园的某四星酒店筹办亚洲第一名嘴张锦贵老师的管理课程，绝对经典，让我有时间去参加学习。

136　问：是邀请你，免费的吗？食宿怎么办？

答：食宿、路费和学费全部由自己承担，条件好的乘飞机来回，或坐卧铺火车，在北京住酒店吃馆子，条件不好的但还想为未来成功而学习的人那就靠你自己了。

137　问：那你怎么办，坐火车去住个小宾馆，节约些也可以呀，不过你是老板，那样多丢人没面子呀，要不坐个硬卧然后住个三星级宾馆再去搞搞价也可以呀？

答：是啊，我也曾那么想

过，但很快我清醒了自己的位置和处境，决定坐晚上的火车去，而且我选的是硬座，并且决定在北京和朋友们一起合住小旅馆，吃盒饭。

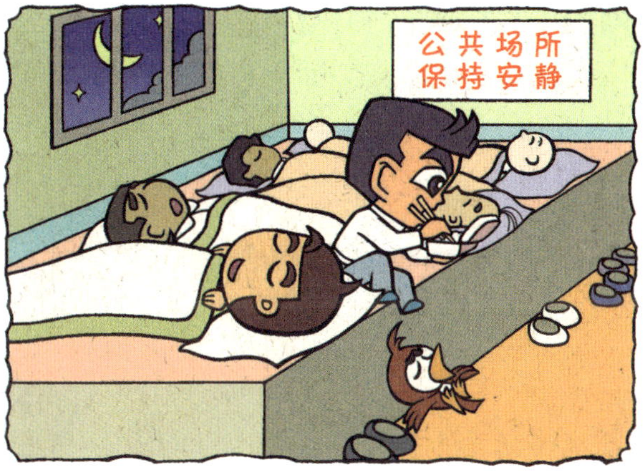

138　问：那怎么行呀，也太苛刻自己了吧，有些钱没必要太节约了，钱是挣来的，不是随便省来的。

答：因为还有一个很重要的原因，就是我想带公司的七位同仁一起去参加此次盛会，他们一口就答应了。

139　问：啊，他们也去呀，那他们有这么多钱吗，一个门票怎么还不得四五百再加上其他费用，怎么还不得每人七八百元呀，他们怎么这么积极主动啊？

答：因为我告诉他们公司为他们提供吃住行费用，而学费我拿到了五折优惠，但由他们自己出学费去学习。

140　问：啊，你自己帮他们出钱，怪不得大家都不用犹豫就一口答应想去，这买卖谁不愿意呀，他们一定非常开心是吧？

答：是的，因为有六个人还是头一次去北京。

141　问：我真服了你了，你为员工付出了这么多感情、金钱和智慧，你觉得值得吗，可不要将来后悔自己付出的太多，而大家不懂得真情回报。

答：其实既然付出，肯定是希望得到回报的，至于能得到多少回报，或有无回报，有时也得一半信天，一半信他们。反正那时的我对每位同仁都寄托了无限成长的愿望，宁愿自己少得一些，多花一些，也希望他们能快快地早日长成参天大树，报答公司养育之恩。

142　问：创业之初的老板们，正因为有了这种精诚团结、同甘共苦、大爱无疆的眼光和胸怀，才会赢得公司同仁一致齐心协力、共渡难关的雄心和勇

气，真希望这样的企业文化永远长存！

答：但当时我也给大家布置了艰巨的任务，就是让每一个人都携带五盒公司的产品，在去北京途中全部卖掉，而给他们的价格是老板给我的价格，公司无分文盈利。

143 问：也就是说每个人卖了产品的利润全部归自己所有，对吗？哪有这样的好事呢，那要是卖不了怎么办？

答：少卖一套，那就按公司原来的规定只能拿到销售额的10%作为提成，剩下的货退还公司。

144 问：我发现你是一个非常会算计的老板，和你在一起同仁要不大赚，要不一无所获！

答：没有办法，因为我想培养的是第一名，而不是普通名次，在赛场上冠军与亚军只差一个档次，但得到的却有天壤之别，如果他们连为自己的全部利益和最大利益去拼杀疆场都不肯，那报效公司和老板的希望是极其渺茫和遥远的！

145 问：商人，典型的商人，在给大家带来恩惠的时候，总要附加额外的条件，这就是你们！

答：不，我还不是纯粹的商人，至少我的附加条件的最大利益和全部利益是让给了同仁，而不是利用他们留给了自己。但我必须得承认，我为他们的成长几乎设计了一个又一个机会，来激发和刺激他们的潜能，因为我希望公司将来有一天能打大仗。

146 问：怎么样，他们没有辜负你的希望吧，还是你的计划失败了？

答：还行，他们最终没有让我失望，但他们也并非全部完成了我安排的销售计划。

147 问：那为什么说还没有让你失望，我有些不理解？

答：为了创造完成销售计划的条件，我们整体队员选择了坐豪华大巴去北京，其实费用比火车票贵不了几十块钱，目的是为了在大巴上进行有利的销售。

148　问：为什么大巴上就能有销售的机会而火车上就没有呢？

答：因为当时的大巴上的乘客大都是去北京出差办事或在北京工作的人群，整体素质比较高，文化程度也较深，而且好多都是生意人、老板，而火车上人群分散，人员身份复杂，所以不太有利于我们销售产品给合适人群。

149　问：噢，是这样啊，原来这产品也是有定位、有选择、有人群的，不是所有的人都适合这个产品，也不是所有的产品只适合一个人群，看来方向是对的。

答：果然不出所料，主管在车上销售了两套，收回两百元，而另一位同仁也销售了两套，也收回了两百元，其他的都跃跃欲试，但最终也没有成功。

150　问：其实已经很不错了，这已经是成功销售的典型案例了，我想其他人心理上也会有很大压力，奋起直追的。

答：是的，两位队员的成功销售大大刺激了大家的销售胆量和欲望，在整个会场上我们上课学习，下课分区进行名片交换和互相交流进行销售，两天之后，公司收回了大约五百多张名片，而所有队员的产品均销售一空。

151　问：真是太厉害了，看来强将手下无弱兵，你的部下如此能征善战，看来你达到了自己的训练目的，而他们呢也是重赏之下，卖光了所有的东西，挣了不少银子！

答：此话不敢当啊，东西是全部卖了，我只收回了要求的成本钱，但是有好多人其实并没有挣上几个钱。

152 问：那为什么啊，卖了东西不挣钱那挣什么？

答：他们几个都联合好了，除了主管卖了五套，其余人有的两套，有的一套，但更多的是他们按六折一次性出售了，为了能完成任务，他们合并了自己的所得利润，全部批发掉了。

153 问：咳，原来是这样啊，这群小子可真有心计，反正你没说多少钱卖掉，然后大家就低价批发掉，哪怕少挣或不挣也要完成销售任务，真是没有想到他们会这么做！

答：所以说此次训练其实是失败的，因为根本没有达到我的教育目的，在这种情况下我需要的不是团队集体去取悦公司和老板，而是需要团队集体地去服务计划并取得最大的个人成就。

154 问：行了，大家已经很不错了，你就不要太苛刻了，下回你一定要说清楚，让大家无折扣地卖

出去，岂不美哉！

答：不过从北京返回之后，我们进行了深刻的工作总结和学习总结，使得全体队员在思想和觉悟上有了很大的提高，而且他们果然眼界大开，增强了斗志，加强了团结，在未来的一个月里，我们更是有计划有步骤有重点地开展工作，人脉关系和销售额大增！

155 问：看来公司的运作已基本上步入了正轨，而你也已经胸有成竹，目标坚定，功夫不负有心人啊！

答：我们当时的工作重点就是销售，因为新公司最缺粮少衣，所以我们花费了大量的人力物力和时间在创造公司经济利益方面，在一个月左右时间内，公司又有了两万多元的纯利润。

156 问：是吗，这个月的纯利润超过了前两个月，看来你是领导有方啊，长此下去，一年内定会实现你的十万年薪不是梦的愿望，坚持住，加油！

答：这样的成绩不仅感动了每一位同仁，也感动了我这个领导的心。每当他们向我报告他们的销售业绩时，眼里射出的激动、开心、兴奋、感恩、自信的光芒，而我也会和他们一起欢呼，并一拍桌子，一跃而起，忽地一下冲到他面前说，“好，非常好!祝你成功！”然后双方使劲击右掌以示互相激励。

157　问：好有朝气的一支团队呀，那时的你一定是最辛苦也是最快乐的，对吗？

答：是的，和他们在一起，我从来不觉得累，总是热火朝天从不言败，无论刮风还是下雨，每位同仁都会按时按计划出发，而每天大家总会有人带回好消息，收回沉甸甸的银子。

158　问：一群可亲可爱的创业者，向你们致敬，你们的团队真是行动统一、思想统一、目标统一！

答：是啊，有这样一群志同道合的同仁，我充满了无限

感慨，当然也为了更快地提升他们的能量，我决定再次带他们出去学习，接受一次非凡的训练。

159 问：又出去，又得花不少钱吧，刚挣了些钱就又想花出去，这样可不行啊，出去接受什么训练？

答：应深圳老板的邀请，在2002年4月28日—29日有为期两天的特殊训练，那就是“魔鬼训练营”。

160 问：什么，魔鬼训练营？有那么恐怖吗？谁敢去呀，不会出人命吧？

答：一般不会的，不过在会场外边肯定随时停放着两辆120救护车，万一有什么突发事件，也会及时被送往医院进行抢救治疗。

161 问：不会那么紧张吧，一定是虚张声势，吓唬学员的，那你参加过吗？

答：我参加过，那是两年前，当时我还是保险业务员，可现在我是公司总经理，需要带领着公司的团队去参加，意义和性质不一样。

162　问：那怎么办，团队去参加，这可是不小的费用呀，具体地点在哪，每人费用多少？

答：地点在深圳小梅沙度假山庄，内部费用是每人一千元，不包食宿、交通费，外部价格每人一千五百元，我们有会议代理权。

163　问：什么？这么贵！还远在深圳，你打算带几个同仁过去，费用怎么收？

答：你相信感动吗？反正我相信，虽然与这些新同仁相处还不到四五个月，但我们之间结下了深厚的友情，而且这是我头一次真正地作为一位有老板意义的总经理，他们是我的第一批员工，所以我对他们寄予了厚望。

164　问：所以你要带他们全去是吗？这样不太符合优胜劣汰吧，去几个优秀代表不行吗，多一个人可就多一千多元的成本！

答：不是一千多元，而是两千多元，因为我不仅决定带他们去，而且还决定乘飞机去，所有的费用这回由公司全包了，吃住行学费全部由公司支付。

165　问：你疯了，这得花多少钱，你有这么多钱吗，这是公司不是儿戏，需要的是理智，不是冲动！

答：我们一行九人，全部费用我带了三万元钱，去时乘飞机回时坐硬卧火车，我考虑再三后决定了。

166　问：我真佩服你，花这么多钱去培养打造你的员工！对员工进行强化训练和学习培训我不反对，但对于你这样一个小得不能再小的公司拿出全部家底给这些人，值得吗？经济上讲的可是价值理论，你这是严重的价值比例失衡。

答：是啊，就是为了让每一位同仁拥有超极能量，去为公司创造巨大的价值，我才会这么去做的，当然我也知道其中有些冒险，万一培养不成或万一培养成功之后又跳槽怎么办？而且我更心疼那白花花的三万多元人民币，我从来没有在这么短时间内挣过那么多钱呀。

167 问：大公司也不会像你这样大手大脚花钱，唉，不说这些了，创业无处不风险，这可能是风险，也可能是机遇，我真希望我是你们中的一员。

答：为了筹备本次行动，我特意为公司八位同仁统一定制了外出服装，从鞋、袜子裤子到上衣，全部由公司统一出钱购置订做，并且还设计了公司的司徽，配戴在每个人的左胸前。

168 问：嗯，有点意思，都有统一司徽了，看来你是别有用心呀。

答：作为一位经营者，我们必须要随时考虑两件事，那就是开源和节流，而任何一次公司的财务付出都应该有其相应的或者是更大价值的目标体现，因为这次学习是全国性的，而且是总部培训机构组织的，由陈安之老师亲授课程，我要面对的是整个机构所有管理层人员和讲师对我的考验，再加上来自全国的那么多公司的领导人，所以我要在整个会场制造出最统一、最典型、最强大的一个团队，而目的就是为了扩大公司影响，进行深层次的公司形象和实力的宣传与造势。

169 问：所以对于你这个做营销业务出身的老总来说，这样广而告之的包装和宣传的方式，如果用以往利用各大媒体来宣传，所用的费用肯定会超过三万元的，而效果也差不多。对吗？

答：对，是这个道理，而且用其他方式来宣传，可能是三万元的几倍甚至是十几倍，所以这是一个千载难逢的推广宣传公司的好机会，既参加了学习也推广了自己，还赢得了总部的认可，何乐而不为呢！

170 问：你太聪明了，不，应该说是太“狡猾”了，没想到你花花肠子这么多，不过我还是心疼钱花得太早太快太多了。

答：钱嘛，我还有另外一个地方可以弥补回来一部分，因为我们有代理权，如果每张票卖出去就能挣回五百元，而像我们一样想出去参加特殊训练的企业领导肯定也不少。

171 问：于是你借鸡生蛋？

答：于是我就既帮了企业家去参加学习提升他们，又帮自己赚回一部分学费，岂不两全其美。

172 问：我发现你这个行业有个好处，那就是别人花钱买你们的产品，而且还会感激你，真是名利双收的好行业呀！

答：是啊，我一直非常感谢我的客户们多年来对我的帮助和支持，永生难忘！而去深圳那次就有二十多位企业家与我们同机，这样我就提前收回了一部分学费。

173 问：看来你已经成为真正的商人了，每一步行动最终都会体现在公司的盈亏上，而你每一次大的行动，又是那样的变幻莫测，让人百思不得其解！

答：其实我也是不得已而

为之，因为公司要生存，要发展，没有前期的小米加步枪是绝对不行的。可以这么说，我们每天都在为生存而奔波忙碌，只是作为领导而言的我，已经再不能像过去一样，可以把害怕、无助、恐惧表现出来，因为在他们面前我是最后一道屏障，是最后一处安全的港湾，是队员们包扎伤口、休养身心、治疗疮伤的养生堂，只要我还没有被困难吓倒，他们就永远会充满革命的斗志和必胜的决心，这可能就是企业领导和员工的不同职责吧。

174　问：他们是幸运的，也是幸福的，更是可爱的，在这里你的队员不仅得到了关爱，更得到了呵护，不仅得到了成长，更得到了升华，我想连北京都不曾去过的员工更不会想到老板带他们去深圳，而且还是乘飞机去，又是今生头一回吧！

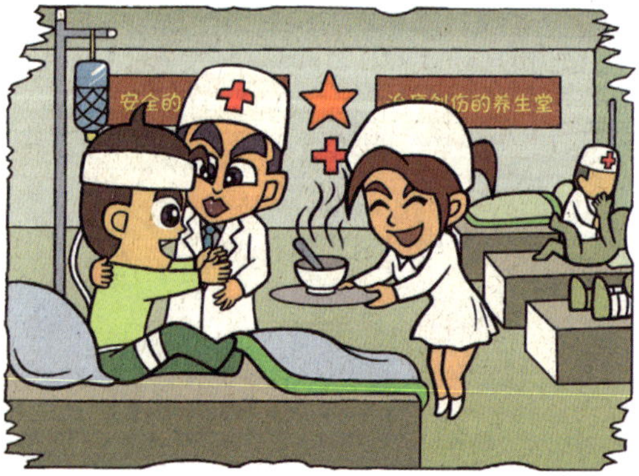

答：是的，他们今生头一回去深圳，也是头一回乘飞机，而且是头一回见到世界级的大师陈安之和其他大师级人物。因为这是我对他们的又一个承诺，终于又让我实现了。

175 问：这是你的承诺吗，为什么你要对大家说出你的承诺呢？

答：传统意义上的承诺是暗下决心，而在成功学之中的承诺必须是公开的、明确的、有目标地进行公众承诺，即把自己心中的理想和愿望告知大家，从而形成一种一定范围内的公众监督和公众舆论的力量，即公众承诺。

176 问：这样子不是给自己找压力吗？到时实现不了哪有退路可言。那会有损于个人形象和名誉的。

答：所以说传统形式的承诺由于是讲给自己的，而多人不知，多人不晓，既无监督也无管理，最终导致承诺容易失败，而公众承诺的结果往往由于它的公开性和未来失败带来的重大后果，从而使得公众承诺往往实现的比例相当高！这是实现目标的好办法之一。

177 问：把自己的想法或承诺告诉更多的人，让大家去监督自己，这可太不好意思了。风险也太大了，我还没有试

过，听你这么一说，我还真觉得有些紧张，想想自己的理想和愿望也不少，经常有些“小想法”，而告诉别人大不了当开个玩笑就罢了，没想到那么认真啊！

答：玩笑当然可以随便开，承诺可不要随便许，否则真会影响成功的潜意识，好了，反正我的公众承诺再一次让我完成了心中的愿望，也不知下一个公众承诺会是什么呢。

178　问：我记住了，我也会认真对待我的承诺的，至于在公众面前承诺还需要慢慢学习，向你讨教，你们这次去深圳收获大吗？我很想知道。

答：收获很大，在整个训练中，我们全体队员表现得非常勇敢顽强，其中一位同仁还获得了女子组比赛的个人冠军，让我倍感荣耀，而我们此次全体队员整体着装和统一行动的确让总部的领导大加赞赏，并且还全体付费学习，这也很让他们佩服，因为我们的底子太薄了，扣除各种费用我们只剩下为数不多的回家路费，而

我们的资金实力是在场所有学员中最弱的。

179　问：是啊，参加这种课程的多是领导层，而且经济实力很强，花个三五千的根本没有什么压力，而你们呢，是花光了家底来的，可见精神可嘉！

答：我们完成了每个人的使命，并且也让老板看到了我们的集体阵容和潜在能量，这更加强了他对我们的信任，也为他赢得了更高的美誉，也算是大家对他的一种感恩和报答吧。

180　问：是啊，知恩图报这是千年不变的古训，在我们创业的成长道路上永远都不应忘记曾经帮助过我们的每一个人，这次“魔鬼训练营”让你们真的成为了魔鬼战士吗？我有些不相信。

答：其实这几天大家每晚最多休息四个小时，而且白天有大量超负荷的脑力和体力上的运动训练，当培训结束后，几乎所有的人都精疲力竭。送走了一起来参加学习的老板们，他们多是乘飞机回去的。而剩下的我们九个人，本来老板会为我们定好火车票，但没想到正赶上五一放假高峰期，定不到票，过了五月四日才有票，可对于我们来说，根本没有再继续住宿的费用和饭钱，只有一条路，那就是回家。

181　问：可你们根本没有票，怎么回呀？要不借钱先在深圳住几天再说？

答：公司的成本这么多，再去借钱是一种额外的损失，在这种情况下我开了一个团队会议，我告诉大家，衣食住行学费都是公司出的，所以公司已经做到仁至义尽了，既然我们学习了魔鬼训练，那我们为什么不实践一回呢？反正现在没有火车票，坐飞机回去钱也不够，而所有的钱都在我身上，我告诉他们，考验你们的时候到了，我们兵分五路，我只带了女朋友，只给大家发了一张站台票，谁上了火车算谁这回学习成功，要是上不了的那位，对不起我也不负责，我管不了那么多了，各自行动吧。

182　问：天哪，你这么残忍呀，你把他们扔在那里，他们既没有钱又没有车票，那该怎么办呢，狠心的老板！

答：没有办法，“严师出高徒”，我花了这么多钱来培养他们，如果遇上这样的困

难都克服不了，岂不是投资上的浪费，再说这是最好的考验团队团结、勇猛和智慧的时候，他们会理解我的良苦用心的。

183　问：不理解也不行呀，大家只能各想各的办法了，你呢，你怎么办？

答：我也一样，没有车票，我拉上女朋友挤在人群中随着人流挤近了火车，来送朋友的人很多，这样就混上了火车，到处躲着列车员。火车开了，一个小时后我跟前出现了团队队员的身影，他们又惊喜又狼狈，满头大汗地挤到我眼前，向我集结。

184　问：全上来了吗，没有落下一个吧？

答：一个也没有落下，全上来了，大家想尽办法挤上火车，都成了逃票的人，我们什么也没有说，就是彼此用眼神在暗示大家都没有票，但全都上车了，然后就是一路的站在走廊中互相倚靠着睡着了。

185　问：看来这一招还真灵，化整为零，分散兵力各谋生路，然后再化零为整，

团队集结，集中兵力，挺有意思的。人的潜能真是被逼出来的，是吧？

答：后来我们补了票但车上人太多，根本没有座位，由于三天的高强度训练，几乎每个人都已经全力以赴，而这次火车之旅又站了将近三十多个小时，到最后我们所有人的手脚腿由于没有活动的地方，全都肿了，就是在这种情况下我们男士们都想办法给女士们找个歇脚的地儿，互相轮流着倚住休息一会儿，而我呢满身疲惫，也满心的喜悦，这就是我的团队，困难中能英勇向前和互助互爱的团队，那一刻我坚信我一定会成功的！

186　问：你这位老总，其实可以自己和女朋友乘飞机先走，何必和队员们一起受罪，大家一定会理解的。

答：当时队员们就是这样说的，让我和女朋友先走，但我没有这样做，我告诉他们，因为我也需要突破自己，要在这种情况下和大家一样去感受这魔鬼般训练的效果，在困难面前人人平

等，无论地位贫富，只讲有难同当！

187 问：这人呀，在最紧迫、最危难的时候，他所表现出来的道德才是最有感染力的，而你能这样和大家在一起，同甘共苦。不得不让我承认，你是一位非常优秀的领导人，有你这样的老总，队员们永远会与你荣辱与共、肝胆相照、忠诚感恩！

答：是啊，我们就是这样一个团队，虽然相处的时间不到半年，但真是像兄弟姐妹一般地亲密和谐，而他们也把我这里当成了自己的家，自己的港湾，以求机会报效公司和我。

188 问：有这样的机会吗，他们的承诺向你实现了吗？

答：除了每日辛勤工作之外，我们终于等来了一次非常大的机会，而且是超级大的机会。

189 问：是什么机会有如此份量？

答：半个月后老板从深圳总部回来和我商量，有没有可能公司承办一场陈安之老师的大型公开课程，但没有抱多大希望，只是问我有无此条件。

190　问：那就承办一次吧，这有什么困难的？

答：我详细地询问了承办活动的细节，才知道这次活动可不是一般的活动，中间的风险非常巨大。

191　问：有什么风险，没那么严重吧？

答：因为陈安之是世界级大师，所以他的培训安排要求非常严格，几乎到了完美，而且费用相当高，一般情况下根本没有盈利的可能。

192　问：那不盈利承办他干什么，何必多此一举呢？

答：但说真的，我真想承办，如果一旦成功，那就意味着中国市场上所有大师级的讲师活动我们都可以有实力、有经验去承办了，如果办好的话不排除能挣到一笔钱。

193　问：我觉得你现在就挺好的，每天都有进账，小康日子平安无忧，简单的买卖关系，没有任何大风险，又何必去这样做呢，再说你还对行业不是太老道，再过些年，成熟了之后再承办挣钱也不晚呀。

答：我问了老板关于陈安之老师的条件，确实让我有很大的压力和挑战。

194　问：有什么条件，能说说吗？

答：首先是定金先交五万，老师讲课的第一天中午再付二十万，老师在此期间必须下榻本地最好的酒店并且一定是总统套房，而吃住行也非常讲究，接送车一定是奔驰宝马等级别的车，并且来的还不是一个人。

195　问：怎么这么贵呀，这也太贵了吧？这加起来有个三十多万吧，天哪，两天时间你拿出三十多万，这生意能干吗？别异想天开了，还挣钱呢，非赔得连内裤都没了。

答：并且我来运作此活动的时间只有四十几天，要定下来就是2002年7月6日和7日两天合适，这会场租金两天也得四万。

196　问：看看，这可不是闹着玩的，你可千万不要太冲动的又找不着北了。

答：我问老板我盈利的地方，那就是成为此活动的主办和承办方，全权代理此活动的一切盈利权利，如门票，

冠名，赞助，学习资料销售等产生的费用，均由自己安排决定。前提是一旦决定，必须先付定金，逾期不办，或过期再办均视为违约，定金不退，而一旦成功，扬名天下，身价倍增，如果机遇不错还可以盈利多多，增加不少收入。

197　问：这些都是虚的，很难办到的，时间又这么紧张，价格又这么高，条件上如此苛刻，你又是新手，所以迷途知返，悬崖勒马，我们绝不要冒这次风险，没有必要。

答：我和老板谈话之后，告诉他我明天准备好全部定金交给他。这次活动我决定要办。

198　问：你凭什么来办，钱没有，经验没有，知名度没有，时间和条件都不成熟，你可不要不知天高地厚，我知道你想成功，想扬名，想挣钱，想早些把公司做大做强，但那也得天时地利人和才行，你真的决定了吗？

答：我再三考虑后决定了，第二天我把公司所有的资金全部拿了出来，再加上我以前全部积蓄终于凑够了五万元，用红纸包好交给老板，告诉他定好日期提前告诉我，我要拼命一搏！

199　问：你的老板没有拦你，他为什么这么相信你的实力，一定会成功吗？

答：原因其实也很简单，因为我交了全部定金。

200　问：那你能否告诉我你为什么敢承揽此次风险极大的活动，到底成功的把握占几成，你心里有底没有？

答：其实我当时心里也没底，因为活动的成功不是我一个人可以完全掌控的，但从我公司这将近半年左右的销售中所积累的关于热衷于陈安之老师产品的客户有一千多位，而大客户有一百多位，对于他们而言，如果票价保持在两千元到两千五百元之间，而且又不用离开本地就能参加如此高级别的培训，还可以又省时又省了去

外地长途学习的很多相关费用。况且我们的客户中有十几家三星级酒店和十几家四星级酒店的老板，到时让他们提供老师的住宿餐饮赞助还是有可能的，另外车辆也有十几位大老板的车很好并且与七八家车行的老板关系也不错，为此活动提供车的赞助也是有可能的，除了活动会场的费用暂时还没有办法解决，其他的均有一定的成功可能性，当然赞助商其实也有二十几家，他们是从事商品生产的，如手机、裤业、保健品、奶业等，关系一直保持得很好，可能性非常大。

201 问：怪不得你敢承揽本次活动呀，原来是早就有所图谋，“暗度陈仓”，积极备战啊。

答：其次，能举办老师的会议是全国很多同仁的共同心愿，当然也是我的愿望，谁都清楚老师会议的成功承办可以给自己在这个行业确定一个地位，并且名扬四海，名利双收，当然也是对自己最大的一次挑战和对老师的最好报答。但愿望虽好，很多人却不曾做到这一点，因为难度太大，而这一天对我而言只不过是来得早了一些，与其逃避不如面对，与其错过不如抓住，所以我也为此做好了各方面的准备工作。前面我们已提到的对员工的高投入投资培训其实就是在为此做准备，而背后我又让他们对客户进行充分完善的服务工作，并随时提醒客户希望有这样的机会能在本地亲眼目睹大师级的风采，做好了各种铺垫。

202 问：于是你们每天夜以继日地工作、学习、培训、拜访、销售、积累、整理、回访、调研并终于提前等到了这一天的到来，是吗？

答：是的，所以说我们为此准备了很长时间，不断进行着量的储备，希望有朝一日爆发！

203 问：可是就这样风险还是很大呀，毕竟平常是说说而已，而现在是真的要行动执行，就凭你们这不到十个人能完成如此艰巨的重任吗？

答：靠我们十个人根本不

行，像这样的大成功，其成功之道必定是有天道酬合的大境界和大胸怀，否则将很难完成此殊荣。

2004 问：你前边曾说过人的创业必须要具备天道酬勤，天道酬谋的本领，为什么现在又说是“天道酬合”呢？

答：因为小成靠勤，持续靠谋，大业靠合，所以勤奋、谋略和合作三者兼备，方可有办大业的行为基础，思想基础和心态基础。由于此次活动影响深远，难度极大，变数之多，要有更多的合作者加盟其中才会有更大的成功的可能性。否则风险就真的大了。

2005 问：也就是说挣大钱时不能光想着自己，光靠自己，要学会一个蛋糕众人来分享，把机会同样也让给更多的人，才会真正把蛋糕吃完吃尽，圆满地完成任务，是吗？

答：也可以这么理解，好事大家分享，坏事我来担当，只有这样

我们身边才会聚集越来越多的拥护者和支持者。

206　问：我看出来了，你口口声声地说别人是大师，我觉得你就是大师了，无论办什么事儿，总是头头是道，颇有心得，每次选择都是看似很唐突、冲动，其实你心中有数，考虑周全。看来一个人的成长有时真不能因为时间的长短而妄加评价啊，“士别三日当刮目相看”此话一点不假。怎么样，找到合作同盟没有？

答：找到了，我把代理权签下来又分包给了他们，一共有二十多位代理商，个个神通广大，人脉关系丰富，又对老师有着绝对崇敬的感情。

207　问：这就是西游记中的分身法术，你为自己找到了二十个和你能量相一致的分身，然后再把相应的部分利润给他们，你只做批发，业务员和同盟只做零售形成了一张巨大的铺天盖地的销售网，从而开始了全面地活动推广，你好厉害啊。

答：由于老师是世界级别的，而此次他的课程内容非常经典，全称为“NAC心理学和超级说服力”所以非常有卖点，适合全国各地的学员前来学习，于是我们把从外地收集来的所有名片也全部归纳整理，我来做电话营销，这样我们的电话打到了北京、上海、广州、昆明、深圳、成都、郑州、石家庄、太原、青岛、西安等城市，真是没有想到，到最后外省的代理商也有十几位，而他们就带来了上百名参会的学员。

208 问：这么多啊，看来你这回一定是大获全胜，大名大利了，到开课那天共有多少学员参加学习？

答：一共来了三百多人，全国各地的都有，齐聚省城，盛况空前！

209 问：来了这么多人，那你这回一定是发财了吧，你创造了你人生的再一次伟大奇迹。

答：也谈不上发财，只是终于实现自己十万年薪的梦想，而且不到两个月实现了它的两倍。

210　问：你太伟大了，真是苍天不负苦心人，这么多年的执着追求和付出，这么多年的辛勤奋斗和不断积累，终于让这一天提前来到了，你和老师一样都是我们心中的大师！

答：还有我创下了机构自开课以来数项全国记录，顿时我在业内名声大震，身价剧增。

211　问：都创下了哪些全国记录，让我们也高兴高兴。

答：首先创下了在中国内陆城市成功创办这次活动的记录，还有筹备活动像龙卷风似的，时间短短只有四十几天，人数是最多的，实现了参会人数三百名以上；价位是最高的，而且头一次创下价位随时间递增的先例；学员和老师是最满意的，这个从现场都完全表现出来。另外赞助单位是最多的一次，还有一周内就发行了整个活动的精装VCD宣传片，这也是头一次。

212 问：哇塞，有这么多的记录，你太牛了，没有想到你有如此大的才华，真是不鸣则已，一鸣惊人啊！

答：其实我为了举办这次活动，真是竭尽全力了，那四十多天，我一个人的电话费就有六千多元，从早上九点到晚上十二点，不停地在工作，研究、探讨、部署、安排、谈判、合作、游说、联合、签约、布局、协调、激励！

213 问：最后你终于在这次活动中充分地展现了你的营销才能，广告策划才能，运作执行才能，合纵联盟才能，团队管理才能，会议现场操控才能，并赢得了所有人的赞赏和钦佩。看来成功在于平日里的日积月累，你全都用上了。

答：是啊，当最后一天晚上十二点钟所有学员捧团圆蛋糕共唱同一首歌时，我激动的眼泪夺眶而出，压在心上的那块大石头终于落地了，整整四十多天，我日夜操劳、紧张、害怕，我今天终于可以休息了，那时的我脑袋一片空白。

214 问：太累了，太激动了，太紧张了，太兴奋了，所以留给自己的往往是经常回忆的永不褪色的画面，而周围的一切却是如此地安静，辛苦了，伟大的创业者，向你致敬！向所有的创业者致敬！

答：谢谢。

215 问：怎么样，你成功了，你现在是名人了，感受如何，能谈谈彼时彼刻的心情吗？

答：真的没有想到，当会议结束后所有的学员全部散尽，我一个人站在硕大的舞台上看着正在忙碌打扫卫生的同仁时，然后睁着眼在舞台上安静地躺了十几分钟，我的感受就是：这就结束了？这就没事了？原来成功只是一种暂时的感觉。当所有的人离去时，成功也会随风而逝，等待我的还是明天照样开始工作，而我还是我自己，所以我当时反而有些失落，心里空荡荡的感觉。

216 问：这是因为你平常太忙了，包袱太重太多了，今天突然一结束一休息，反而有了一种不适应，而这几天“飘飘然”的你也终于尘埃落地，所以才会有这种感觉。

答：是啊，我那时才突然明白，什么是昙花一现，什么是昨日重现，什么是繁花似锦，什么是过眼烟云，什么是重新开始。

217 问：看来你这回收获的不仅是名利还有人生的很多感悟和心得，终于懂得了继续开始才是人生的真谛。从明天开始你又会有新的目标，还会有新的挑战，所以你的人生才刚刚开始。

答：我给公司放了一星期的假，让所有人好好休息清醒反省一下，以待会后的一次大的总结，当然他们也有了不菲的收入，借此时间可以回家看看父母，为老人家购买些礼物并安抚家人放心。

218 问：是啊，会休息的人才是会工作的人，创业也要一张一弛，随机休息，另外也永远不要忘记抽时间去看看父母双亲，传递成功的喜悦和分享收获的成果。无论自己挣的多与少，只要有一颗孝心，就是对家人最大的报答，而我们的健康是对家人最大的安慰。

答：咦，你有这么高深的感悟，看来很有进步啊。

219 问：那当然啦，我呀，听你说了这么多，已经发现了你成功的秘密，那就是常和成功的人在一起，并学习他们的成功之处，而且还要勤思考，多行动，才会有成功的突破，怎么样，没想到吧？

答：没想到，你真的好有悟性啊，看来这成功是可以传染的。

220 问：得了吧，袁老师，别忘了，做好事不难，难的是一辈子做好事，这回成功了，看你将来怎么持续成功才是真正的成功。

答：哈哈哈，你这样的观点是给自己找压力，找心理障碍，我告诉你什么是成功，那就是当下具有成就感和满足感，这才是真正意义的成功，所以成功是一个点，不是一条线，否则的话谁还敢去追求成功，成功永远都没有一个尽头。对创业者而言，要学会分享和感受此刻的成功，而不是顾虑重重，否则就是对成功的一种贪婪和不满足！

221　问：嗯，你总是这么有理，你已经厚积薄发，悟有所成。

答：所以每个人都要学会创造和分享片刻之间的成功和快乐，这才是生命的意义所在！

222　问：于是大家就会在快乐面前更加快乐，成功面前更加成功，所以我呢现在就有既快乐又成功的成功的感觉，因为我和成功人士在一起分享成功的喜悦，对吗？

答：哈哈哈，成功也是彼此

欣赏，互相学习，相互尊重，共同进步，你说不是吗？

223 问：唉，你现在成功了，手里头有精兵强将，库里还有大量的真金白银，是不是该好好筹划一番公司的长远发展？

答：是啊，本应该好好思考一番进行公司的再次包装和提升，有个战略发展规划，可不曾想，一个摸彩票得了重奖的穷小子一下子有了这么多钱，还真的就乱了方寸，迷失了方向，失去了自我，还猜忌别人的好言相劝。

224 问：不是吧，你怎么会犯这样的低级错误呢？

答：可是我真的犯了这样的错误，后来我真能理解为什么穷怕的人一夜暴富后会变得如此骄横，没想到我这样的人也曾有过这样的表现，真是惭愧呀！

225 问：等等，你不会是那样子经不起诱惑吧，你可是经过大世面，吃了无数的苦才挣到了这份成功和荣誉，再说你很有文化

修养啊。

答：可是没有想到在大量的金钱面前我的文化失去了份量，因为金钱的力量太有破坏力和摧毁力了，我为此失去了自己的判断力和决策力，我迷失了自我……！我失衡了！

226 问：到底后来发生了什么事，怎么成功了反而更加堕落了、迷茫了？

答：由于我的突出表现我在行业赢得了很高的赞誉和声望，而老板应机构的想法希望我去深圳总部发展，统揽机构一部分事务。

227 问：这不是挺好的事儿吗，人往高处走，水往低处流，这也是你梦寐以求的愿望啊，和这么多师兄师姐在一起共同进步，你一定会顺风顺水，有更大的成就的。

答：可当时我真的小心眼儿，感觉自己没有总部的帮助不也成就了今天的自己吗，不也挣了不少钱吗！要是去了深圳，女朋友怎么办，员工怎么办，公司怎么办，客户怎么办，别人管住我怎么

办，自己做不了主怎么办，在哪儿不都能成功吗，于是我毅然放弃了总部的邀请，从而错过了一次千载难逢的人生契机。

228　问：你还会犯这样的错，真的是钱多了把脑子烧坏了，缺乏判断力了。

答：直到后来我才真正悟到，要想有大成功，必须要有大的舞台和平台，而这样一个亚洲级别的平台我没有抓住，这是我创业生涯中最追悔莫及的一次失误！

229　问：但我真的不明白，如此审时度势的你怎么会有这么大的人生失误呢，不光是上述原因造成的吧，还有深层次的原因吧？

答：答对了，这人生的大方向决策有时真的是多种原因集中造成的，后来我反省自己才终于发现我为什么会那样错失良机。

230 问：那是为什么？

答：最关键的是因为我本身的综合素养还不具备大成功者的条件，因为当时的我虽然胜利了，成功了，但仅是一种战术上的成功，而我是一个没有战略、没有格局、没有大胸怀、没有眼光的创业者，所以当如此大的平台为我准备好时，我反而还自以为是地选择了一个经济相对落后的、自我创造的平台，还自作聪明地认为不需要别人和那个千里之外的平台，我在这里照样会成功！

231 问：可我觉得你的想法也有道理的，难道创业非得去外地大城市才能成功吗？

答：我不是这个意思，只是对于当时的我，真正在成长路上最缺乏的是志同道合的一群更有水平更有能量的人的提携和帮助。而一个成功的大环境会造就更多的成功人士，我自己的圈子实在是太小了，除了我，本行业的人就是自己的员工，我没有老师和队员对我的有效监督和批评。

232 问：可你以前没有他们也做得挺好呀？

答：人穷的时候，自信可以成就自己的小成就；人要是富了，往往会自信过头，那就是自负，而此时又往往会轻易毁掉自己，尤其是一夜暴富后的我，既不愿意跟大部队掺和，又陷入了享乐的旋涡。

233 问：什么，你又开始享乐啦！你这才刚有了点钱，人的劣根性就暴露了，看来江山易改，本性难移呀。

答：那不一样，现在有大钱了，当然就不能像过去那样勤俭持家，抠抠巴巴的了，我要带着兄弟们吃好的、喝好的、玩好的，怎么样，够讲兄弟情义吧？

234 问：够情义，够情义，看来谁摊上你这样的老板都会感激你一辈子的，你看你对他们多好呀。

答：是啊，我对他们这么好，想当年大家都没有底薪，中午在公司大家一起做饭吃，那多辛苦呀，大家全靠自己的辛苦所得提成，没有业绩就没有收入。可俺有钱了，公司有钱了，我给这些和我一起打天下的兄弟们增加了月薪，最多的月薪保底二千元，最少的也有500元，而且我几乎每天都带他

们出入大大小小的饭店酒店，不到半年我就花了十几万啊。

235　问：十几万，你真是太富有了，真是不差钱，结果大家对你感恩戴德，热泪盈眶，恨不得每天二十四小时去工作来报答你的大恩大德，是吧？

答：感激不敢说，但我只是希望大家彼此珍惜这样的兄弟情谊，有福同享，有难同当。

236　问：他们一定会互相团结，更加珍惜的，现在的条件和待遇比当年强多了。

答：条件是好了，大家每月都能拿到工资，但没想到公司的总体销售业绩却下来了，我百思不得其解。

237　问：那怎么办呢，这是公司啊，要靠不断增加业绩才可以生存发展啊，现在吃饱穿暖了，怎么反而打败仗了？

答：几经反省，我终于明白了，骄兵必败，我们胜利之后不仅大家，就连我自己都变得目中无人，高高在上，自以为是，每天看不起这个，瞧不起那个，就觉得自己天下最行。于是骄傲奢侈之风开始在公司蔓延。

238 问：看来这成功有时真的能让某些人失去自我，像你这么优秀的人物都一而再、再而三地犯此错误，可见要成功不容易，守住成功更难啊！

答：是啊，在这种情况下，我痛定思痛，迅速进行了持续的公司整风运动和激励行动，从而又激发了大家的斗志，取得了不少骄人的成绩。

239 问：所以说未雨绸缪，居安思危，这是千百年来的真知灼见，一定要放在心上，时时挂念，怎么样，又有什么新的进展？

答：2002年10月至2003年3月，公司开展了广泛的业务回访活动，并和本市的维权保真协会、人才市场、知名品牌协会、工商联、中小企业家协会、公共关系协会、及全国一百多家管理公司达成了业务合作

关系，在此期间我也亲自出马又培训了很多企业，取得了社会上的广泛好评和深远影响，并成功地承办了几次大的学习型论坛，也取得了比较丰厚的经济价值。

240 问：看来你们还真是一个真金不怕火炼的团队，后期又取得了这么多成绩，真是可喜可贺，由此看来公司的规模也扩大了，业绩也提升了，员工也增加了，成为了一个更加健康发展的公司了吧。

答：说实话，公司规模没有扩大，还是老地方办公，百八十平方米，业绩也是有的，但没有太大的突破，员工只增加了一个人。

241 问：怎么会这样，多好的机会呀，你应该趁热打铁，趁势扩大公司的规模，上一个新台阶。

答：是啊，可事实就是如此，而且我和老板后来分手了，各成立了一家公司。

242 问：为什么，你们不是关系很好，相互配合的也很默契吗？

答：其实原因我也说不清，但最起码是我们都有了更大的行业知名度和更多的经济收入，而我这个人喜欢独来独往，自

由自在不受拘束地自我发挥，也就是不好管教吧。

243 问：可这正是你的优点呀，你是一个让老板永远不操心的高级领导人，除非你破坏了你们之间的规矩。

答：其实我并没有破坏规矩，只是一种成功打破了一种平衡，而这种平衡包含的内容较多、范围更广。

244 问：所以你们不仅打破了一种平衡，还想创造一种平衡，而你们之间理念发生了冲突，对吧？

答：是的，由于我发展得很快，所以我在经济上、社会地位上、个人影响上、行业知名度上、思想和行为上都产生了很大的变化，而这种变化由于太快太明显反而导致了一种力量对我的约束和制约，我感到非常受压制，最终导致了大家的分手。

245 问：我感觉挺可惜的，为什么大家不能开诚布公地谈一谈，你就不后悔吗？

答：后悔我是不后悔，但真的非常可惜，因为分手直接导致的就是葬送了公司发展的大好机遇和大好前程，太可惜了。

246 问：看来这贫贱之下有真情，富贵门前不认亲啊，你们呀，全是钱给烧的，才挣了多少钱就不知道自己是哪根葱了。

答：于是我成立了新公司，把过去的广告公司更名注册为新的管理咨询公司，所有的人马都跟我一起重新创业，而原来的公司由老板一人也是重新招兵买马另起炉灶，这不仅在行业内造成了极大的影响，而且还严重影响了大家在客户面前的正面形象，损失惨重啊。

247 问：这么好的公司，这么好的大环境，你们反而做出这样的选择，说白了我认为这只能说明一点，你们的胸怀不够宽，眼光不够远，格局不够大，承受不了大成功对你们的考验，而大公司的使命也自然不会落到你们肩上。

答：这样的失败也让我真正地认清了自己的潜在不足，小公司的老板和大公司的老板名称虽然相同，但内在的综合能力和全面素质却有着天壤之别，看来创业尚未成功，同志仍须努力。

248 问：所以说享受一两次成功的喜悦是很平常的，而想得到一生成功的快乐是需要巨大的付出的，重新开始吧，失败是成功之母，继续加油！

答：非常感谢你的鼓励，我也是这样想的，失败了，不能怕，摔倒了，爬起来，拍拍身上的土，带领大家继续前进。可真是万万没有想到，我遇到了更大的创业困难，真是屋漏偏逢连夜雨。

249 问：又遇上什么困难了，看把你吓的，你这商场老手还害怕困难吗？

答：2003年3月后，一场突如其来的瘟疫袭卷全国，那就是‘非典’，在那人人恐慌的几个月里所有的公开的、公众的集体活动全部因此受到了限制，我们公司赖以生存的大型公开课、演讲培训，公司内训等活动受到了严重影响，几乎是致命的打击。过年后的两个月内公司没有一分钱进账，而且还面临着每个人没有任何业绩都要拿工资的现实，天哪，这可怎么办？

250 问：看来你和很多公司一样，当年都遇到了同样的困难，这回的困难真的是太大了，这没有了收入又养活这么多人，这回该心疼胡吃海塞、铺张浪费的钱了吧？

答：看来这真是有一定的因果论，你梦寐以求渴望的东西，总有一天会因为你的执着和行动而成为现实，但得到了它不珍惜的话，它还会抽时间找机会和你说拜拜，离你而去。我真是后悔呀。一方面我积极地为团队所有成员寻找各种防非典的中药和预防口罩，另一方面我也在寻找着非典时期的盈利机会。

251 问：一定很难吧，那时人们彼此之间生意往来特别少，人人都戴着口罩，而且很多工厂公司都关门放假。

答：是啊，到处都是一种与世隔绝的气氛，连公交车上都很少有人，大路上人也不多，我每天口上，鼻子周围都涂上许多药，戴着口罩打着车到处去拜访客户，想卖出去一些产品，但非常难，别说去卖东西，很多朋友连见都很难见到，

大家只是通过手机互相勉励，交流，根本无法见面。我坐在车里望着人流稀疏的大街才意识到，原来商业行为在生命面临危机时显得是如此的苍白无力、毫无价值、毫无意义。天哪，我该怎么办，我的团队该怎么办，长此下去非常危险。

252 问：实在不行先暂时放假吧，反正很多公司都是这样做的，如果真出了什么危险那后果不堪设想。

答：我当时也这样想过，又怕大家舍不得公司，可没想到一段时间后就有员工提出要请假回家，担心家里的亲人，没有办法，我批准所有想回家的员工的假期，并为他们发了一些基本生活费用，就这样走了一大半人。我非常痛苦，但也无可奈何，于是我们公司就这样又回到了原来的三个人。

253 问：相信自己，非典过后他们肯定会回来的，你这样的老板，他们不会离你而去的，别伤心。

答：当时也顾不了那么多了，公司必须要有进项才行，我好不容易找到了一个挣钱的活儿，虽然有些危险，我还是答应了。

254 问：什么危险的活儿，别吓我啊！

答：就是帮一个友情客户寻找到印刷公司进行书籍校订、排版、印刷和包装。

255 问：这不是很轻松的活儿吗？交给出版社印刷厂不就行了吗，有什么危险？

答：当时很多出版社和印刷厂都放假了，但有一批关于非典的公益宣传参考书急需要赶印出来，在这种情况下，客户委托我一定要办好此事，我找到了印刷厂的老朋友，我出高价让他开通了他自己厂里的机器，并到农村又以高出三倍的工资雇上了熟练工人，在他村里的印刷厂开始进行工作。当时我们大家都带着口罩，谁也不敢靠近谁，更不敢说话，按照电脑里设计排版好的程序就这样开机印刷切割包装，整整干了一个星期，终于完成了这项使命，而当我把资料交给朋友时，朋友把一万元辛苦费交给了我，我心里既感激又矛盾，本来不想拿，但还是没有谦让，手里紧抓着钱不放。

256 问：哈哈哈，才一万元钱，你就有了这样的表现，你这身价也太不值了吧？

答：你知道我收到一万元有多高兴吗？无法形容，因为公司已经有三四个月没有这么大的进项了，而且这是唯一的收入，知道吗？我们已经吃了很长时间老本了，我都快忘记一百元长什么样了，我好想他们呀！

257 问：看来这成功来得太容易对某些人来说反而不是一件好事儿，这一万元用生命的代价去换取，反而量出了成功的价值，别激动了，收起来吧，一万元呢！

答：为了生存，我几乎想尽了各种办法去寻找各种各样的挣钱机会，但残酷的现实告诉我，那段时间根本不是经商挣钱的好时候，而是真正休养生息进行深度自我反省和学习的好时候，即便去做客服，也有很多人退避三舍，在这种情况下我突然想起了自己的生涯规划手册，于是把它拿出来开始翻看我当年写下的很多宏伟计划和远大理想。

258 问：都什么时候了，还想着过去的陈年往事，那些理想有用吗？

答：没有想到，我有些梦想真的实现了，年薪十万已经实现，成立公司也已实现，成为老板已实现，28岁前买一部车还没有实现，29岁写一本书也没有实现。

259 问：怎么，想买车，有多少钱呀？先想想怎么挣钱吧。

答：别担心，我现在虽不是骆驼，但瘦死的肥猪比猫大，贵的车买不起，买个十万以下的还是没有问题的。而且自己这一年来一直打车去拜访客户或出入某些场合，一方面花了几万的出租车费，另一方面从商业包装的角度上，也的确让客户心里有些其他想法，再加上那时路上车还不多，正是个天天练车的好机会！

260 问：得了吧，非常时期想如此奢华的事情，还是渡过难关再说吧！

答：可是我做过公众承诺，29岁前一定买车，否则就是说话不算数，承诺失信。

261 问：都什么时候啦，还想着公众承诺，伟大理想！有那些钱省吃俭用的能过好几年呢！

答：没有办法，这是我的承诺，再过不到二十天就是我29岁的生日了，我必须在此之前完成此项承诺，实现生涯规划中的计划。

262 问：你真的这样做了吗，你可想好了，现在生意多难做呀，“现金为王”呀！

答：我买了一辆两厢轿车，纯藏蓝色的，手动档，排量小，我的梦想实现了。

263　问：你真的买啦，花了多少钱，开起来是不是很酷很靓的感觉，和我们平常人走的都不是一个道了吧！

答：反正我准备了十万元人民币，办完手续后只剩下几千元钱了，我终于开上了自己的专车，自己的车啊，我实现了人生的又一个目标，那就是成为有车族。

264　问：看把你美的，车是有了，会开吗，有车本吧，还不得雇司机，这又是吃老本的买卖吧？

答：放心吧，本人早有准备，在大学期间放暑假时，我就利用两个月时间学习了驾车，而且全部考试合格，拿的还是B本，不过考驾照的钱当时可是女友借给我的，所以后来我也就成了她的免费专职司机。

265　问：看来这买卖也合算，知恩图报，幸亏你有出息能让女人等到

你买上车，要不然不就白投资了吗。

答：所以被别人投资是一件累活，成功了还好，不成功就很丢脸了。我买上车后白天晚上地学习开车技术，熟悉本车性能，并在自己的副驾驶台上放了一个立起来的塑料奶瓶，

只要是瓶子一倒就意味着我的车开得不稳当，就这样我练习了整一个月，终于有了一些开车上路的实践经验。

266 问：看来你非常认真地对待驾车这件事，这也是有车族存在的最大一个隐患和危险，往往有些人有了车反而风险更大了，让人操心更多了，而且必须引起所有创业有车族的关注。

答：通过驾车我得到了很多感悟，其中最重要的就是一定要学会“忍”与“让”，这两个字让我对驾车信心十足，安全百倍。直到现在我还一直遵循这两字真言，让我开车有百分之百的安全感！已经十五年过去了！

267 问：看来这买车虽然花了不少钱，但也确实让你悟出了生命的价值和做人做事的真谛，有思想的人永远都会借题发挥，借力使力啊！

答：其实这车对于一个真的需要用车的商业人士来说，如果使用得当，会带来更大的商业价值，以前我没有车，做保险时公交车坐了不少，后来就一直打出租车，也只能方便自己，但在非典时期我拥有了自己的私家车时，我突然发现了一个商机，那就是我利用我自己的车去帮很多有钱没车的朋友办事，或免费接送他们，并向我以前的好朋友们承诺，我的车就是他们的车，我就是他们免费的专职司机，随叫随到，千万别跟我客气，因为小袁的今天就是大家帮助的结果，没有大家多年来对我的支持和鼓励，哪有小袁的今天，无论是刮风下雨下大雪，我都赶到。

268 问：你真的这么说的？也是这么做的？你太伟大了吧，也太高明了吧，这让大家听了多受感动呀。

答：其实我能有后期的发展，我真的永远不会忘记所有帮助过我的人，想当年小袁既没有钱也没有权，有的只是年轻人的满腔热血和真情实意，就是靠着这点儿优势，我会为帮助过我的人全力付出，最终他们在我最需要帮助的时候也会一呼百应，这也是我这个穷小子创业的最大资本，而我拥有了私家车后还能这样向大家承诺，也是因为我曾经在风雪严寒中打不上车又没有公交车时，一个电话出去就会有朋友开车来接送我回家。我永远不会忘记在2002年的圣诞夜晚上十二点，我和公司员工聚餐后在严寒冰雪中等了一个小时都没打上车，把我冻得不成样子，当朋友派车来接我们时，那一刻我充满了无限感激，也激发了我的斗志，买车的斗志！

269 问：原来好多人买车都是因为冻得实在没有面子了，才发誓拿出积蓄来买辆车，就像你这样啊，怎么样，有车族的感觉爽吧？

答：感觉非常好，从来没有那种感觉，我在一个月内一边学车一边开着车走遍了这个城市中我曾经坐公交车和徒步走过的地方，真是感慨万千！

270 问：有什么感叹的，不就是快了很多吗？

答：想当年我做保险时每天平均步行十几公里，坐公交车几十公里，我的同事经常骑着摩托车或自行车从我身边经过，并鼓励我买辆坐骑代步。而我呢，一直想我才不骑车呢，我要开车。当同事们说我走路多浪费时间呀，我郑重地告诉他们，长征的伟大胜利就是用脚走出来的。没想到时隔不到两年，我就实现了自己买车的愿望，所以我每次开车经过自己曾经走过的地方，往事总会浮现眼前：一个身穿职业装手提公文大包，梳着二八分头的小伙子站在十字路口处等绿灯过马路的情景。

271 问：看来这买上车，你又找回了以前吃苦奋斗的感觉了，是吗？

答：是啊，不奋斗不行啊，有了车给我带来了很多前所未有的快乐，也给我带来了更大的经济负担，尤其是车两次被刮了的保养维修费，让我立刻感到了一定的压力。

272 问：哈哈，这回知道了吧，有车族同志，买车容易养车难，好好挣钱吧。

答：那是一个非常时期，想挣钱大环境非常有限，所以我发现与其这么艰难地跑来跑去一无所获，还不如以静制动，让自己平静下来，开始总结过去所有的功与过，得与舍，成与败，闭关修炼反省改造自我！

273 问：这也是个好主意，平常只管冲锋在前，义无反顾，现在还真是个闭关反省回炉修炼的好机会，所以说这动是一种前进，静也是一种进步呀。

答：要想实现更大的梦想，有更大的成就，这完全决定于个人的综合能力。在这种主动出击反而没有成效的时期，倒不如选择退而结网，以待时机。于是我分析了很多客户的心理，断然决定一方面利用此时间，定时定量

给所有的新老客户和朋友发送关心、问候、开心、励志的短信，另一方面加强电话问候和交流沟通，互相鼓励，彼此珍重，以待将来合作愉快。另外我充分地把时间用在了个人学习上，仔细研读了数万个世界优秀广告策划案例，和数万张广告形象画面，并把公司所有的上百位管理名家的光碟和磁带进行了系统地学习和研究，涉及的管理理论有几十项之多，由此我又大大地提升了自己，让我有了质的飞跃。

274　问：看来创业者在任何时候都要时刻准备着，要充分利用好各个阶段和时期，为自己未来的命运创造更有利的环境和平台。

答：到了九月份的时候，我迎来了新的气象，因为非典已被完全控制，我们取得了战胜非典的全面胜利，而此时的我思想上和心理上也发生了巨大的变化，刚从死亡线上爬出来的人，对生命的渴求是如此的热烈，真的，那时觉得天空是如此的蓝，空气是那样的清新，世界是那样的美好。而以往所有的恩恩怨怨全部都烟消云散，非典让我学会了包容、宽恕、珍惜和崇高。

275　问：看来只有在面对死亡的时候，我们才会真正地体会生命和友谊的可贵，这就是人啊，只有失去时才会彻底明白。怎么样，这灾难已过，也该全力以赴建设社会主义了吧？

答：是的，那是当然了，此时我接到了北京某管理公司的邀请，希望我成为他们的省级代理商，共同承办在北京举办的世界汽车销售冠军乔·吉拉德的激励演讲，我欣然同意了。

276　问：你说的是那位一生卖掉一万多辆车子的汽车销售冠军吗？

答：是的，一方面我有很多本地汽贸公司的高层客户，另一方面我也想再去北京对经济型会议进行观摩和考察，并希望对北京市场有更多的了解。

277　问：难道你想去北京创业发展？

答：有这个想法，还谈不上发展，只是想去闯一闯，试一试。

278　问：呀，怎么现在变得这么含蓄呢，以前不是挺张扬的吗，哪儿都敢去，现在怎么了，一个非典就把自己的创业锐气消灭得光光的？

答：这不是刚出关吗，怎么也得有些城府的样子吧。

279　问：哈哈，有意思，让你闭关修炼反省自我，增长知识，不是让你满腹经纶学会虚伪，创业要的是冲劲。

答：也需要有智慧，这智勇双全才不会让自己的失误更多，总而言之，咱也是有过大经历的创业者了，有了一种外在成熟内在稳重的气质。

280 问：得得得，又吹上了，吃了大半年老本还有心情在这儿吹牛，快挣钱吧。

答：现在的我每次行动挣个三两万已经不是什么大问题，我想的是如何赚大钱，如何实现更大的人生价值？

281 问：哎呀，看来你现在已经是有门道的创业者了，三两万都来得这么容易，有进步呀。

答：不瞒你说，过去创业成功是摸着石头过河，只凭着胆量和猜拳去赌输赢，所以收入时有时无，时多时少，没有定性，但随着本人在此行业不断地摸索和研究，再加上多次成功案例所积累下的经验和教训，已经完全让我在这个行业有了立足的根本。并且我研究出了一整套关于会议型经济和论坛的模式和理论体系，在承办这样的活动中已经成为了非常专业的操盘手，这就是我多年来辛苦钻研所得的个人成果，所以呀，一般的会议和论坛活动我只需要一到两个月左右的时间就能承办策划一次，每次收入五万八万还是可以保证的，今非昔比啦。

282 问：哈哈哈，怪不得现在的目光盯向了北京市场，看来真是胸有成竹，有那么两手啦。

答：两手空空敢去北京创业闯荡吗？那儿成本那么高，要不是专业人士，我还真的不敢斗胆问京呢。当年西安的朋友来请我，出价两天一万两千元，双飞包食宿帮他指导会议，我都没答应，嫌人家出价太低，真是后悔。现在想想非典之前的我也太狂妄了。太把自己当根葱了！要是现在我肯定会去的，没别的，就是因为现在的我心态平和了，回归了，更纯朴本真了。

283 问：而且除了能收到钱，还能结交好朋友，并且还了解了西安市场，对吗？

答：太对了，因为这时的我懂得了更多的商业哲学。

284 问：听你讲创业历程还真过瘾，一会儿挣钱了，一会儿赔钱了，一会儿受累了，一会儿享福了，一会儿在本地，一会儿在外地，可总而言之，你心中的梦想

一个个实现了，而你也从一无所有到应有尽有，从一无所知到无所不知，并成为一个行业的专业人士甚至是专家级的人物，真可谓“宝剑锋从磨砺出，梅花香自苦寒来”！太为你感到骄傲了！

答：谢谢，不过我还没有达到应有尽有，无所不知的境界，只是有了方向，有了谋划，有了眼光，有了一定的把握，当然了，该有的会有的……

285　问：对了，你打算何时去北京发展，都准备好了吗？

答：我一直在做准备，寻找时机，创造机会，而且我感到去北京之前我必须要完成一件大事才可以走。

286　问：有什么心愿还没有完成吗，你想办件什么大事？

答：我要争取一个名副其实的“名份”。

287　问：什么意思，我有些不懂了，什么“名份”？

答：是这么回事儿，非典结束之后，我们市场上出现了二十多家类似于我公司这样性质的管理咨询公司，而且全部都是我以前的老客户个人或合伙成立的。

288 问：怎么出来这么多公司，那市场不就太乱了吗？

答：因为大家通过对这个行业的基本了解和亲眼目睹了我的财富变化，感觉这个行业很有利润可图，既可以名利双收，还可以结交各行业的高层次人际圈子，所以就有很多公司的朋友在完全没有彻底了解这个行业的情况下拉杆而起，成立了这些公司，于是整个市场乱成了一片，到处都在喊着办培训、讲座的，卖管理教育产品的，而且价格又非常混乱，使得一个比较好的教育培训市场遭到了狂轰烂炸，导致了整个市场的信誉危机。

289 问：这不成了春秋战国时期，诸侯争霸了吗，有意思，这一下谁也别想挣钱了，那你怎么办？

答：一方面我公司的很多员工也在非典放假之后未归队，另一方面我得到了很多客户对市场的全面回馈，行业内流传出我算什么专业人士的话。

290 问：这很正常呀，商场如战场，没有永远的朋友，只有永远的利益，同行是冤家，你一下子多了这么多对手，当然要遭受一番集体攻击了，怎么队员也不回来了，看来你是非去北京不可了？

答：其实我对这个行业有自己的观点，我认为这个行业完全可以有别于过去的许多传统行业，因为这个行业是一个教育型、智慧型的行业，能从事这个行业的人绝不是因为他有足够的资金，最主要的是他必须具有非常专业执着的教育精神和教化本领，另外作为众多企业的培训师或管理咨询师，自身的综合实力是要非常全面和强大的，想让这么多行业的老板尊敬自己为老师，这可不是用钱可以买得来的，必须要有解决商业实际问题的真才实学。而作为管理公司的领导层，又需要具有与众不同的儒商风范和修养，只有具备这些条件才可以去尝试这样的产业，而传统的行业似乎对本行业的这些要求少了很多。

291　问：你这不是自己标榜自己吧，虽然你说的很有道理，但我认为只要有钱就可以投资这样的公司，而且他们也了解行情，并且愿意。

答：我当然不是在标榜自己如何优秀，而上述这些条件我一直在修炼、积累，有一次我的一位亿万资产的老板和我开玩笑，“袁老师，你的公司注册资本才五十万，就能运作这样的管理公司，那我注册五百万，也成立一家这样的公司，你看怎么样？”

292　问：对呀，这合情合理呀，你怎么回答？

答：我说“可以呀，像我这样的公司虽然公司不大，但我能解决投资几千万甚至上亿项目的很多管理问题及内部细节，并且这样的客户我已经不下几十位，像您这样的大公司只要能承揽这样的项目并能解决他们提出的各种问题的话，就可以做。”

293 问：有道理啊，这公司虽大，但是否能解决其他公司的实际问题，这可是企业生存之本啊，那老板怎么说？

答：老板立刻顿悟，笑了笑说，“看来你这样的公司靠的不仅是钱，更是行业内的专业人士啊，我还是做好自己的企业吧！某些问题还得需要你来帮忙解决，至于其他公司的问题我就不掺和了，还是你们这些行家解决吧。”我笑了笑回答，“术业有专攻，将来您可以和我合作，为我投资，不就实现利益共享，各尽其职了吗？”

294 问：看来你已经精通此行业了，并且有了融资扩大的想法是吗？但你还没有说你要完成一件什么大事呢？

答：为了证明我在这个行业的本地实力和专业化程度，也为了告诫并提醒同行这个行业的某些特殊性，我对二十多家同行的很多市场活动进行了全面的分析和评估，最后毅然决定在十一天之内要筹备一期本省

最大的、全省性的大型企业家联谊活动。

295 问：什么？十一天内你要举办这么大的活动，你想自己砸自己的饭碗吗？再说在这种情况下，就是不收费很多客户也不好意思来参加，因为其他公司的老板和你一样，也是他们的朋友。

答：这就是实力，我有百分之百的把握，而且参会人数不低于两百人，收费每人一千八百元一天，并且还要有四个企业为会场提供食品、饮料、酒类等赞助，有一大半以上是新客户，新朋友。

296 问：这能行吗，你现在既无人马队伍，又无大笔资金入账，如此大的会议，光定金和前期花费就很大，难道你想花光你所有的积蓄，然后去北京从零开始创业吗？

答：非也，我哪有这么傻呀，我得到了更大的合作企业的大力支持，他愿意为本次活动冠名，另外赞助商除了产品，还赞助了现金，我只需要再出一部分的费用，举办活动的所有费用就够了。这次活动门票我采取了另外一种营销手段，在五天内就收回了相当部分的费用。

297 问：我真不敢相信，你怎么会这么有运气，这么短时间内就有冠名商和赞助商愿意全力支持你，这是为什么，有什么秘诀吗？

答：其实也谈不上秘诀，但肯定有其重要的原因，最主要的是我个人的办会实力和为合作方能带来的相关利益，同时多年来树立起来了一种绝对威信和诚信，并且选择时间和档期及会议层次内容都是恰到好处。最后一个，价格是最优惠的，于是大家一拍即合，达成共识！

298 问：你好厉害呀，这次活动一定非常成功吧？

答：我邀请的所有管理公司的朋友几乎都没来，可能他们也想着看我的实力，但整个会场云集了二百六十多位前来参加活动的企业家，很多实力非常大，绝对空前。在2004年1月11日那天，我在本地最豪华的五星级酒店会议厅举办了这场高规格的活动，首届企业家联谊年会暨首届企业家营销大会，

无论是主持人的气势还是主讲老师的地位和水平都是本地业内近一年来最高的一次。当我站在门口欢送参会企业家时，他们一个个都过来和我热情握手，都称赞这次活动非常成功，而冠名单位和赞助单位也是非常满意，并且冠名单位的领导还夸，我是他们办活动这十年中最专业的合作人士。

299 问：你太神了，开创了这么多先河，这其中的奥秘所在，一定非常微妙，我都眼花缭乱了，真不知你是怎么完成如此大的工程的？

答：我曾经给你分享过一句话，天道酬合，即想做大事大作为，非得采取合作的态度和战略，才能有成功的可能，虽然我是一个人，但我会合作我曾经帮助过的那些人来为我帮忙，并且也有利益分享给他们，所以你只要平日里有真情实意和实惠给大家，关键的时候就会有好朋友真诚地来帮你，这叫感情“舍得理论”。不舍不得，有舍有得，小舍小得，大舍大得啊。

300 问：佩服，实在是佩服，你是在雪耻吗？

答：其实我只是想告诉同行朋友，我是一位比较出色的展会人员，仅此而已。并且恰逢年关之际，一方面举办此年会是众企业界朋友的共同心声，新年之际聚一聚，聊一聊，互相共勉；另一方面我也可以借此机会增加一些财政收入，回家过好年，以图年后的北京之行。

301 问：你可真厉害，又一举多得啊！既名利双收，又证明了自己的实力，还做了客服，拉拢了关系，澄清了事实，真不愧是有胆有识，有谋有略，敢作敢为的创业者。

答：经过这次大的行动，也让更多相关人士开始反省自我的诸多得与失，对与错，继而进一步让很多人看清了这个行业的特殊性和不可比性，半年后我从北京回来到

朋友公司做客聊天，听说大半公司都已经不做了，而他自己也对我客气和尊重了许多，因为他后来合伙成立的管理公司也损失了几百万，不愿意继续下去了，还是想做他传统的建筑建材行业。

302　问：看来哪一行都不容易啊，外行看热闹内行看门道，一年多的生生灭灭足以证明其创业的艰辛和行业选择的重要性。

答：现实是残酷的，短暂的偶然的成功虽然能为创业者带来瞬间的大收入，但也往往会迷惑一部分创业者的眼睛，让他们失去对市场风险的正确评估和对个人真正实力的正确判断，到头来大浪淘沙，最终剩下的将还是那批有真才实学、有沉甸甸智慧的人。

303　问：你是怎么去北京的，带了多少银子到那里开创事业？

答：2004年4月2日，愚人节的第二天我到了北京，故意乘飞机去的，来接站的

就是当年在深圳陈安之机构做万能讲师的那位北京的朋友，他请我过去的，我钱也没有多带，因为他为我准备好了一个三室两厅的公寓，并支付我五千元生活费，打算让我在一个月内帮他运作一个全国性的国际级别的培训活动，利润分我25%。

304 问：你运气可真好，到北京创业一分钱不花就有人高价请你，包吃包住还有利润分成，为什么呀？

答：原因很简单，实力决定魅力。当年我的这位大师级朋友用两个小时激励我，让我走上这条道，而在短短半年后的那场培训现场，当他代表深圳机构验收完会场后，对我感慨地说了一句话“袁总，从此以后将没有人再能在承办老师的活动上超过你，你成功了。”而时隔两年后在北京注册公司开始创业的他，选择了高薪请我帮他运作公司的第一个超大项目，并将公司所有人员和权力全权委托给我，就是因为百分之百相信我有办会的实力。

305 问：你真棒，能让自己的老师对你如此的认可和尊重，并如此信任你，看来你确实是一位很专业的行业人士，但你可要想清楚，你这是第一次坐镇北京面向全国来进行市场化的运作，万一失败了全国业内人士可就都知道了，那人可就丢大了，从此就无法在此行业继续做下去了，你不害怕吗？

答：其实我心里真的有些担心，因为此次活动的时间和筹备期限都不是最佳时间，而且参会人员也必须要来一千七百多人，并且是要收费的。

306 问：你们定的是什么时间怎么这么不凑巧，而且这一两千人从全国各地过来，途中的很多费用和时间都会影响他们来京参会的积极性，不能推了改期举行吗？

答：我得到消息是4月2日，而这次全国性的大型激励演讲活动时间是下个月8日，当时五一期间全国各单位还放假七天，并且最小的会议厅容纳的人数也要一千七百多人，还有一个三千多人的会议地点在人民大会堂，我说此活动非常困难为何不改期，而朋友说不能改期，因为定金十五万已付了，如再改约，他是违约方，定金不退。

欲知后面故事请关注本系列图书下一本《天生我才》！